중·고등학생을 위한

인터넷 펜팔 영어

중·고등학생을 위한

인터넷 펜팔 영어

권현주 지음

도서출판 맑은창

머리말

　영어 자신 있으세요? 외국 사람이 길을 물어 와도 도망가지 않고 이야기해 줄 수 있는 정도는 된다고 스스로 생각하고 계신가요? 영어를 공부하는 모든 학생들이 그럴 수 있기를 희망하지만 실제는 그렇지 못하죠.
　사실 언어는 외워서가 아니라 일상생활 속에서 꾸준히 사용함으로 해서 자기 몸의 일부가 되어야지요. 하지만 우리 나라처럼 교실에서 영어를 배워도 실제 생활에서 쓸 기회가 거의 없는 상황에서는 누가 말한 것처럼 영어의 바다에 한번 빠져 보고 싶어도 바다가 아예 존재하고 있지 않다고 할 수 있습니다.
　교실에서 열심히 외우고 학습한 표현들을 이용해서 이야기를 해 볼만한 상대를 만날 수 없는 것이 우리의 현실이지요. 이럴 때 외국 친구라도 있다면 친구도 사귀고 영어도 연습하고 그야말로 일석이조가 되겠죠.
　다행히 펜팔을 통해서 손쉽게 외국 친구를 만들어 볼 수 있잖아요. 하지만 불과 4~5년 전만 하더라도 지금처럼 인터넷 사용이 보편화되지 않았던 때라 펜팔 친구를 사귀는 일이 쉽지 않았답니다. 편지 한번 쓰려면 비싼 항공 우표를 사서 붙여야 하고, 보름도 넘게 걸려야 도착하는 느림보 편지 때문에 목빠진 경우도 적지 않았죠.
　하지만 요즘은 인터넷의 발달로 아무리 멀리 떨어진 곳에 사는 친구에게 편지를 보내도 바로 답장을 받아 볼 수 있고, 마치 옆에 있는 친구랑 이야기하듯 편지를 주고받을 수 있는 시대잖아요. 인터넷만 연결되어 있으

면 언제든지 어디에 있는 누구와도 편지를 주고받을 수 있으니 마음만 있다면 펜팔 친구를 사귀는 일은 어려운 일이 아니지요.

　이 책은 펜팔을 주고받을 때 자주 소재가 되는 것들을 중심으로 관련 표현들을 정리해 놓았습니다. 영어로 처음 편지를 써 보는 학생들은 무슨 말을 써야 할지 난감할 때 이 책에 나와 있는 소재들을 이용해서 차근차근 이야기를 풀어나가도 좋고, 특정한 내용을 쓰는 데 필요한 표현이 생각이 나지 않을 때는 사전처럼 찾아보고 참고해도 좋습니다.
　〈일러두기〉에서는 펜팔 친구를 구하는 절차에서부터 실제로 편지를 보내기까지 필요한 정보들을 알기 쉽게 설명해 놓았습니다. 따라서 새로운 친구를 사귀는 데 관심이 있고 적극적인 성격의 친구라면 컴퓨터 앞에 앉아 이 책에 쓰여 있는 대로만 따라하면 곧 멋진 친구에게서 편지를 받아 볼 수 있을 것입니다.
　자, 그럼 이 책을 지도 삼아 미지의 세계에 살고 있는 친구 사귀기를 시작해 볼까요?

펜팔 친구를 사귈 준비가 되셨나요? 본 책을 이용해서 펜팔 친구를 구해 보려고 생각한 사람이라면 최소한 인터넷 사용하는 방법은 알고 있으리라고 생각해서 그 부분에 대한 설명은 생략하도록 하겠습니다. 본 책의 일러두기에서는 펜팔 친구를 구하는 절차에서부터 편지를 실제로 보내기까지 필요한 정보들을 알기 쉽게 설명해 놓았습니다. 따라서 컴퓨터 앞에 앉아 이 책에 쓰여 있는 대로만 따라하면 곧 멋진 친구에게서 편지를 받아 볼 수 있을 것입니다.

자, 그럼 이 책을 지도 삼아 미지의 세계에 살고 있는 친구 사귀기를 시작해 볼까요? 다음 순서대로 인터넷을 통한 펜팔 친구를 사귀어 보세요.

1. 자신의 이메일 계정을 준비하자.

인터넷에서는 이메일 주소가 자기 집 주소에 해당하는 것이니까 메일 계정을 하나 만들도록 하세요. 사람들이 많이 사용하는 하는 메일 계정은 daum.net / yahoo.co.kr / dreamwiz.com / lycos.co.kr / freechal.com 등이 있습니다. 하지만 영어 편지를 주고받을 경우에는 hotmail.com을 이용하는 것도 좋습니다.

위에 소개한 사이트는 대부분 회원 가입이 무료이고, 회원으로 가입한 사람들에게는 메일 계정을 부여하니까 아직 이메일 주소가 없는 친구들은 하나 준비하도록 하세요.

2. Internet Pen Pal 서비스 제공하는 사이트 찾기

인터넷 펜팔 서비스를 제공하는 사이트는 국내 사이트와 외국 사이트가 있습니다. 국내 사이트의 경우에는 한국 친구들끼리 영어로 편지를 주고받으며 친구를 사귈 수 있는 기회를 제공하는 경우가 많아 다른 나라 친구를 만날 기회가 많지 않습니다.

반면 외국 사이트의 경우는 홈페이지가 모두 영어로 쓰여 있어 들어가 보기에 약간 꺼려지기는 하겠지만 세계 각국의 친구들이 회원으로 가입해 있기 때문에 친구를 사귀는 데 있어서 선택의 폭이 훨씬 넓다고 할 수 있죠.

가입 절차 등은 국내 사이트와 별 차이가 없고, 형식도 그다지 복잡하지 않습니다.

다음 면에 소개된 사이트 주소와 특징을 살펴보고 자신에게 알맞는 곳을 선택하여 너무 겁먹지 말고 일단 한번 들어가 보세요.

- http://www.pacificnet.net/~sperling/student.html

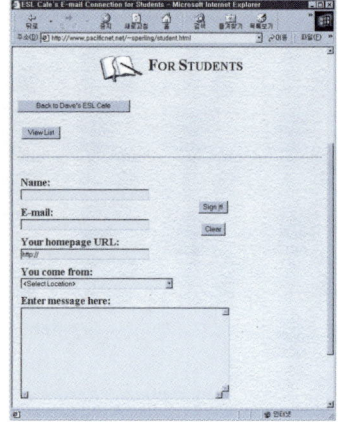

View List라고 쓰인 곳을 클릭하면 펜팔을 원하는 사람들이 자신의 E-mail 주소와 자기 소개를 함께 올려 놓았습니다. 이중에 마음에 드는 사람을 선택해서 편지를 보내면 됩니다. 자기 자신도 이와 같이 게시판에 글을 올릴 수 있습니다. E-mail 주소와 도시, 국가를 쓰고 자기 소개하는 글을 간단히 쓰면 됩니다.

- http://www.pacificnet.net/~sperling/student.html

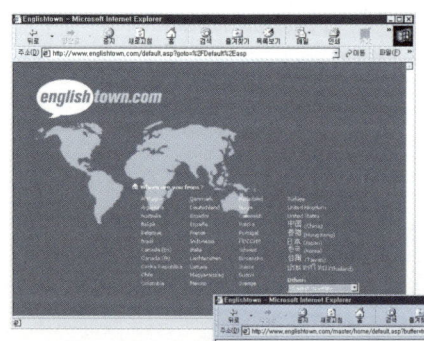

englishtown club에서 펜팔 친구 찾기를 선택하면 됩니다. 회원 가입을 해야 사용가능하며, 가입은 무료입니다. 사용하는 언어를 선택할 수 있어서 한국말로 된 홈페이지를 사용할 수도 있습니다.

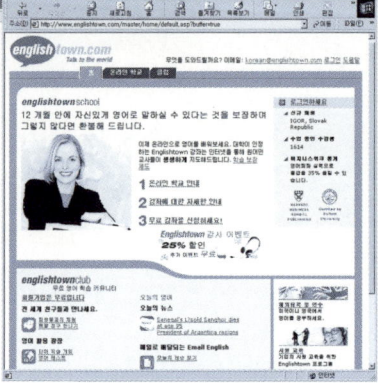

- http://www.candlelightstories.com/PenPalsCenter.htm

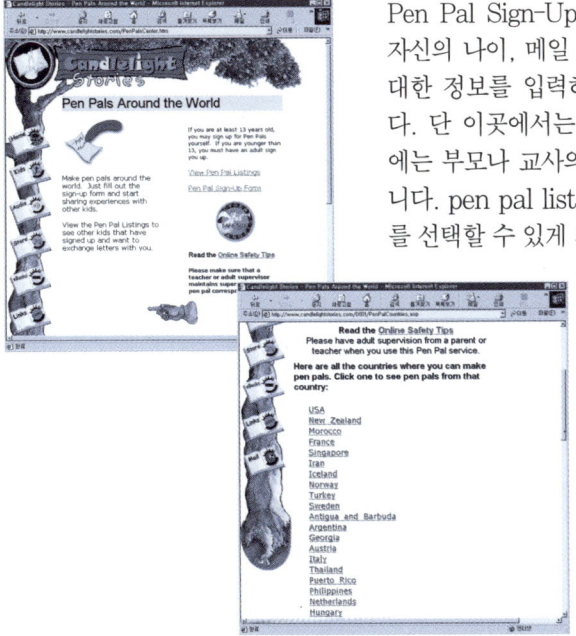

Pen Pal Sign-Up Form을 클릭하여 자신의 나이, 메일 주소, 사는 곳 등에 대한 정보를 입력하여 등록하면 됩니다. 단 이곳에서는 13세 이하일 경우에는 부모나 교사의 동의를 받아야 합니다. pen pal list에는 국가별로 친구를 선택할 수 있게 되어 있습니다.

- http://ppi.searchy.net/

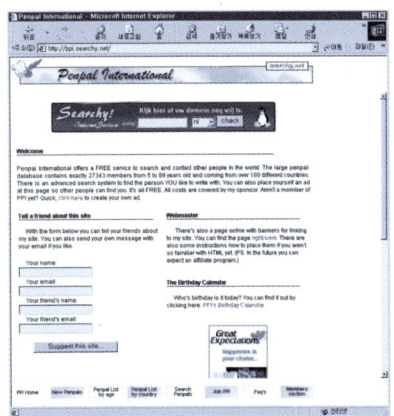

회원으로 가입해야 하며, 회원 분류가 비교적 상세해서 자신이 원하는 타이프의 펜팔 친구를 찾기에 좋은 사이트입니다. 나이, 성별, 국가별로 구분이 되어 있으며, 회원 이름을 클릭하면 메시지를 보낼 수 있는 창이 바로 나타납니다.

● http://www.kidsherald.co.kr/column/penpal_list.asp

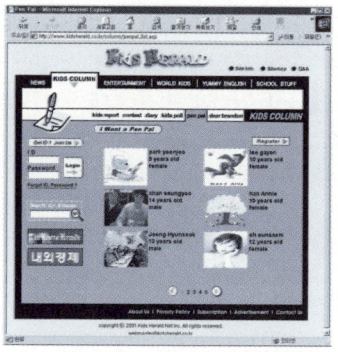

회원에 가입해야 사용 가능하며 한국 친구들과 영어로 편지를 주고받으며 우정을 나눌 수 있는 색다른 경험을 할 수 있습니다.

● http://www.geocities.com/SunsetStrip/6460/penpals.html

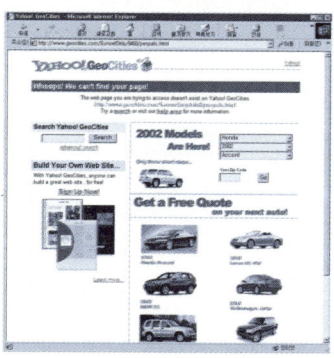

나이와 성별, 사는 곳, 간단한 자기 소개를 보고 친구를 선택할 수 있으며, 이메일 주소 부분을 클릭한 뒤 메시지를 입력하면 됩니다. Yahoo ID로 사용 가능합니다.

● http://www.bluemountain.com

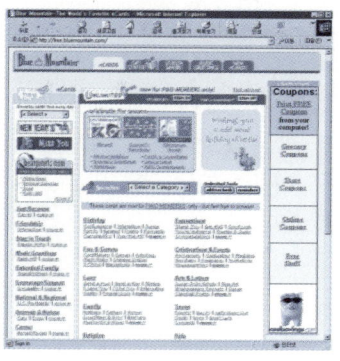

예쁘고 귀여운 그림의 카드 보내기 서비스를 제공하는 사이트입니다. 각종 이벤트나 기념일, 카드 내용에 따른 분류가 상세하게 이루어져 있고, 카드의 종류도 무척 다양한 사이트입니다.

● http://www.penpalnet.com

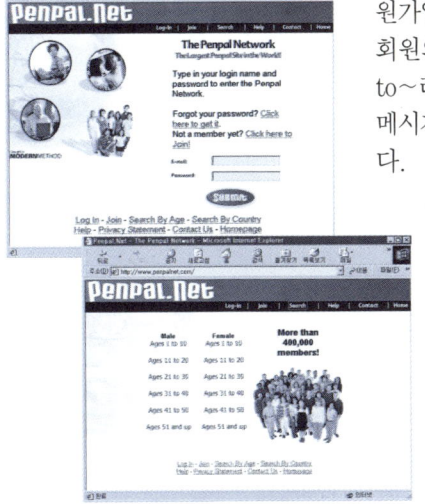

회원에 대한 소개가 잘 되어 있으며, 회원가입한 후에 사용할 수 있습니다. 각 회원의 소개말 맨 밑에 위치한 Write to~라는 버튼을 클릭하면 그 친구에게 메시지를 보낼 수 있는 창이 나타납니다.

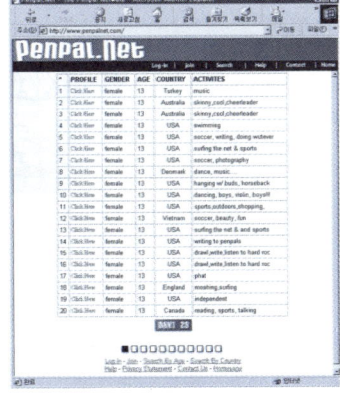

3. 회원 가입하기

  인터넷을 통해서 Pen Pal 구하는 서비스를 제공하는 사이트의 경우 대부분이 회원제로 운영됩니다. 자신이 마음에 드는 곳을 하나 골라서 그 곳에 회원으로 가입해야만 그 사이트에 마찬가지로 회원 등록 해 놓은 다른 친구들에게 메일을 보낼 수 있게 됩니다.

  회원 가입은 대부분 무료이고, 간혹 유료 서비스를 제공하는 사이트도 있으니 잘 살펴본 후에 회원 가입을 하세요.

4. 본인 profile 작성 및 Pen Pal 구하는 메시지 남겨 놓기

　펜팔을 구하기 위해서는 자신의 소개를 간략하게 써 놓아야 합니다. 친구 구하는 메일 쓰기는 본 책의 제 1장에 소개해 놓았으니까 내용은 참고하시면 됩니다. 자신의 profile(인물 소개)을 작성해서 올려 놓으면, 외국에 사는 친구가 그것을 읽고 답장을 보내 줄 수도 있구요, 자신이 직접 친구를 골라서 먼저 메일을 보낼 수도 있습니다.

　Pen Pal list를 찾아보면 여러분들처럼 펜팔을 구하려는 다른 나라 친구들이 자기 소개하는 글을 올려 놓았으니까 죽 읽어 본 뒤 가장 마음에 드는 친구의 이메일 주소를 클릭하면, 그 친구에게 바로 메시지를 전달할 수 있는 창이 뜨게 된답니다. 거기에 보내는 사람의 이메일 주소와 메시지를 입력한 뒤 확인 버튼을 누르면 편지 보내기가 완료되는 것이죠. 정말 간단하죠?

5. 장난이나 거짓말은 No!!

　펜팔을 사귀는 데 있어서 가장 중요한 것은 진지하고 솔직해야 한다는 것입니다. 장난 삼아 글을 올린다거나, 자신에 대해서 거짓 정보를 적어 놓는다거나 하는 것은 네티켓에 어긋나는 일이라는 건 잘 알고 계시죠?

차 례

머리말 • 4

일러두기 • 6

1. 편지 시작하기 ····· 17

1. 첫인사 • 19
2. 친구 구하기 • 22
3. 내가 원하는 친구는… • 25
   펜팔 예문 • 28

2. 자기 소개 ····· 31

1. 성격 • 37
2. 종교 • 40
3. 좋아하는 것 • 41
4. 장래 희망 • 43
5. 외모 • 46
   펜팔 예문 • 48

3. 가족 소개 ····· 61

가족 구성원, 특징 • 63
1. 가족 소개하기 • 64
2. 구성원 특징 이야기하기 • 68
3. 사는 곳 • 73

차 례

펜팔 예문 • 76

4. 학교 생활 ………………………………………… 85

1. 학교 소개 • 87
2. 학년, 학기 • 91
3. 수업 • 93
4. 등교하기 • 94
5. 과목 • 96
6. 클럽활동 • 100
7. 현장학습, 수학여행 • 102
   펜팔 예문 • 103

5. 방과 후 활동과 방학 ………………………… 113

1. 방과 후 시간 • 115
2. 과외 활동 • 120
3. 방학 • 122
   펜팔 예문 • 124

6. 취미 생활 ………………………………………… 133

1. 음악, 악기 연주 • 136
2. 스포츠 • 138
3. 등산, 낚시, 여행, 캠핑 • 143

4. 연극, 영화, 음악회 • 146
5. 놀이, 게임 • 148
6. 여러 가지 취미 • 150
　펜팔 예문 • 154

7. 우리 나라의 명절 및 풍습 소개 ········· 161

1. 한국에 대해서 • 163
2. 문화, 풍습에 대해서 • 166
　펜팔 예문 • 169

8. 편지 마무리하기 ················ 187

1. 끝인사하기 • 189
　(1) 끝인사 • 189
　(2) 맺음말 • 190
2. 답장 당부 • 193
　펜팔 예문 • 197

9. 카드 보내기 ················· 203

1. 크리스마스와 새해 카드 • 205
2. 생일 카드 • 211
3. 사과 카드 • 216
4. 감사, 답례 카드 • 217
5. 병 문안 카드 • 219

1. 편지 시작하기

1. 첫인사

2. 친구 구하기

3. 내가 원하는 친구는…

펜팔 예문

1. 편지 시작하기

한 번도 본 적이 없는 친구에게, 그것도 말도 잘 통하지 않는 외국인 친구에게 편지를 쓰는 일. 얼핏 무척 어려운 일이라고 생각되겠지만 너무 겁부터 먹을 필요는 없답니다.

시작이 반이라고 했으니까 가장 중요한 일은 편지를 어떻게 시작할 것인가 하는 것이죠.

친구들에게 편지를 쓸 때도 처음 부분이 잘 써지지 않아 몇 번을 다시 쓰고 고치기도 하잖아요? 다음에 소개하는 방법을 따라서 쓰다 보면 어렵지 않게 멋진 편지를 시작할 수 있을 거예요.

① 첫인사

● **Hi, there.**

Hi는 또래의 친구들에게 가장 편하게 건넬 수 있는 인사말입니다. 지금은 아직 편지를 받을 사람이 정해져 있는 것이 아니라 친구를 구하는 글을 올려 놓는 상황이니 가장 일반적인 인사말을 하는 것이 좋습니다.

> 인사말만 덜렁 하고 나면 다소 부족한 듯 느껴지니까 어떻게 지내는지 최근의 근황을 물어보는 표현을 써 주는 것이 좋겠네요.

 안녕.
Hi. / Hey. / Hello.

 잘 지내지?
How are you?

 어떻게 지냈니?
👅 **How's everything with you?**
👅 **How's it going?**

 난 잘 지내. 너도 역시 잘 지내길 바래.
I'm fine and I hope you are fine, too.

너희 가족은 어떠시니?
　　How's your family?

 요즘 어떻게 지냈니?
　　How have you been lately?

 별일 없니?
　　👁 What's up?
　　👁 Anything special?

 알고 있나요

영국 · 미국 사람의 인사 예절

　영국 · 미국 사람들은 손윗사람과 악수를 할 때 한 손으로만 악수를 하는 것이, 고개를 숙이거나 두 손을 사용하는 우리의 풍습과는 다릅니다.
　남자끼리 악수를 할 때는 손윗사람이 먼저 손을 내밀고, 남자와 여자가 악수를 할 때는 남자가 먼저 손을 내밀지 않는 것이 보통의 예의라고 할 수 있습니다. 그러나 요즘은 남녀 평등 추세에 따라 남자들이 먼저 손을 내밀기도 합니다.
　먼 거리에서 인사를 할 경우에는 서로 손을 들어 인사를 하고, 허물없는 사이거나 오랜만에 만났을 때는 가볍게 포옹을 하기도 합니다. 또한 요즘 젊은이들 사이에서는 손을 쳐들어 손바닥을 마주치고 팔꿈치 등을 치는 하이파이브(high-five) 인사법이 유행입니다.

② 친구 구하기

● **I want a pen pal.**
(난 펜팔 친구 하나 있었으면 좋겠어.)

> 펜팔을 통해 얻고 싶은 것이 무엇인지 간략하게 써 보세요. 펜팔에 무척 관심이 많다는 사실을 상대방에게 알려야 상대방도 나에게 관심을 가져줄 테니까요.

 이메일을 통해서 친구를 사귀고 싶어.
I would like to make friends through e-mail.

 난 사람들과 이야기 하는 걸 좋아해.
I love talking to anyone.

 난 이메일 받는 걸 정말 좋아하거든. 속도는 느리지만 편지 쓰는 것도 좋아하고.
I really like to get e-mail. I am a slow typer but I like to write anyway.

 난 인터넷을 통해서 낯선 사람들과 만나는 걸 좋아해.
I love meeting new people (via internet)

너와 너의 나라에 대해서 알고 싶어.
I want to know about you and your country.

 너는 나한테 바라는 게 있니?
What do you expect from me?

 난 펜팔 친구가 하나 있긴 한데 한 명 더 있으면 좋겠어.
I already have one, but I would like another.

 다른 세상에 대해서 알고 싶어.
I would love to learn about the whole world.

 난 될 수 있는 한 많은 친구를 사귀려고 노력해.
I am trying to get as many new friends as I can.

펜팔 친구가 많은 건 바라지는 않아. 2~3명 정도면 돼.
I don't want a bunch of pen pals, only about 2 or 3.

다른 나라의 내 또래가 어떻게 공부하고 지내는지 알고 싶어.
I want to know how someone about my age studies and lives in foreign countries.

편지를 통해 많은 것을 배울 수 있기를 바래.
I hope I can learn lots of things from you by exchanging letters.

정보를 교환하고 싶어.
I would like to exchange information.

다른 나라 사람들과 만나 보고 싶어.
☞ I like meeting new people especially from other countries.
☞ I like meeting new people from different places in the world.

난 다른 나라의 문화에 대해서 알고 싶어. 그러면 나도 우리 문화에 대해서 알려 줄게.
I want to learn about different cultures and in return I'm willing to teach about mine.

③ 내가 원하는 친구는…

● **I am looking for a friend to e-mail me!!!**
(난 이메일을 주고 받을 친구를 찾고 있어.)

처음 친구를 구하는 글을 올릴 때 자신이 바라는 pen pal 친구의 조건을 적어 줄 수 있습니다. 특별히 나이나 성별, 나라를 정해서 친구를 사귀고 싶을 때는 그런 조건을 적어 놓는 것이 원하는 친구를 찾는 데 도움이 됩니다. 특별한 조건이 없을 때는 일반적으로 pen pal 친구를 사귀고 싶다고만 쓰면 됩니다.

어느 나라 사람이건 펜팔할 친구를 찾고 있어.
I'm looking for a pen pal from anywhere.

스웨덴, 프랑스, 영국, 캐나다나 오스트리아에 사는 펜팔 친구를 사귀고 싶어.
I would like pen pals from Sweden, France, England, Canada and Australia.

다른 나라에 살고 있는 여자 친구를 사귀고 싶어.
I would like a girl that lives in a different country.

14살~18살 사이의 친구였으면 좋겠어.
I also want some one aged 14~18.

나이가 몇 살이든 괜찮아.
I'd like pen pals in any age group.

나는 내 또래의 여자 친구를 사귀고 싶어.
I would like to meet girls of my age.

난 이메일을 주고받을 여자 친구를 찾고 있어.
I'm looking for a girl e-mail friend.

여자친구 남자 친구 다 괜찮아. 국적도 상관없고.
I'll take boy, girl, any country, it doesn't matter.

나랑 같은 취향을 가진 펜팔 친구를 사귈 수 있었으면 해.
I would like to have pen pals with similar interests.

여자친구든 남자 친구든 상관 없어.
- I don't care if you are a boy or a girl.
- I don't mind if you are boy or girl.
- I'm looking for either a boy or girl.
  It really doesn't matter.

난 캐나다에 살고 있는 친구랑 펜팔을 하고 싶어. 작년에 캐나다에 가 봤거든.
I would like to have a pen pal from Canada because I went there last year.

난 전 세계 모든 나라에 살고 있는 친구를 찾고 있어. 축구랑 농구를 좋아하는 사람으로 말야.
I want pen pals from all over the world, someone who loves football or basketball.

학교 생활이나 좋아하는 활동에 관한 얘기를 나눌 수 있는 친구를 구하고 있어.
I would like to find a pen pal to talk with about my school work or my activities I enjoy.

Hi, there. I'm Lee Mi-ae from Korea. I'm 15. I have longed for a pen pal from other countries. That's why I'm writing this letter of "Wanted for a Pen Pal". I think I can get some information what a boy or a girl of my age usually do and talk about his or her culture, customs and friends. It might be so cool and interesting. In return, I'll talk about my own a lot. I promise. I don't care if you are a girl or a boy. But I'm looking for someone of my age. I believe we have many things in common. If you have any interest in making pen pal, please e-mail me. I love to both get and write a letter and talk with friends. So I'll never forget to write back to your letter. Hoping for making a nice pen pal!!

안녕, 난 한국에 사는 이미애라고 해. 나이는 15살이고, 난 오래 전부터 외국에 사는 친구랑 펜팔을 하고 싶다는 생각을 해 왔거든. 그래서 이렇게 친구를 구하는 편지를 쓰게 되었어. 펜팔을 하게 되면 다른 나라에 살고 있는 내 또래의 아이는 무얼 하며 사는지 알 수 있을 것 같고 또 그 나라의 문화나 풍습에 대해서도 친구랑 이야기를 할 수 있어서 너무 재미있고 좋을 것 같아. 나도 당연히 우리 나라에 대해서 많은 걸 알려 줄 거고, 남자든 여자든 그건 상관 없지만 나랑 나이는 같았으면 좋겠어. 그래야 서로 공통점을 찾기 쉬울 테니까. 혹시 펜팔 친구를 사귀는 데 관심이 있다면 나한테 이메일 써 줘. 난 편지 쓰는거랑 받는거 다 좋아하거든. 친구랑 이야기하는것도 무척 좋아하고. 그러니까 답장은 잊지 않고 쓸거야. 멋진 펜팔 친구를 사귈 수 있길 바라며!!

Hello. My name is Ji-eun Park. I want to make friends all over the world. That's why I'm writing this letter. I want to travel as I get older, so I'm really interested in cultures and people of other countries. And most of all, I just want to make good friends. If anyone out there is interested in pen-palling with a 14-year-old Korean girl who likes to go biking and loves books and movies, here's my e-mail address : _____.

Hope to hear from you soon!

안녕? 내 이름은 박지은이라고 해. 난 세계 곳곳에서 친구를 사귀고 싶거든. 그래서 이렇게 편지를 쓰는 거야. 나는 커서 여행을 다니고 싶어. 그래서 다른 나라에 사는 사람들이나 문화에 관심이 아주 많아. 무엇보다 좋은 친구를 사귀고 싶어. 혹시 자전거 타기를 좋아하고, 책과 영화를 사랑하는 14살짜리 한국 여학생과 펜팔할 생각이 있으면 여기 내 E-mail 주소가 있어 : _____.

조만간 연락을 받을 수 있길 바래!

2. 자기 소개

1. 성격

2. 종교

3. 좋아하는 것

4. 장래 희망

5. 외모

펜팔 예문

2. 자기 소개

자기 소개를 간략하게 해봅시다. 이름, 나이, 학년처럼 가장 기본적인 소개와 함께 자기가 좋아하는 것이나 종교, 취미, 성격 등 상대방이 자신을 이해하는데 도움이 될 수 있는 정보를 주도록 하세요. 너무 상세하게 쓰려고 하지 말고 가장 큰 특징 몇 가지로 자기를 소개해 써 보세요. 좀더 친해지고 편지를 자주 주고받으면서 서로를 이해하게 되는 것이 더 중요하니까요.

● **Here is a little about myself :**

 너에 관해서는 아무것도 모르지만, 우선 내 소개부터 할게.
I don't know anything about you, but I am going to introduce myself first.

 먼저 내 소개를 할게.
First of all, let me introduce myself.

나에 대해서 몇 가지 이야기하고 싶어.
- I'd like to talk a little about myself.
- First, I would like to tell you about myself.

나에 대해서 궁금한 점이 있으면 편하게 뭐든 물어봐.
If you want to know anything else, feel free to ask me!

● My name is Kim Mi-na.
(내 이름은 김미나야.)

영어에서는 이름을 말할 때 given(first) name(- middle name-) family name 순으로 쓰게 되죠. 한국말과는 달리 이름을 성보다 먼저 써서 우리 이름을 영어로 말할 때는 Mi-na Kim이라고 말해야 하지만 우리 식대로 써도 괜찮답니다. 대신 Kim is my family name.(내 성은 김씨야.)이라는 설명을 덧붙여 주면 좋습니다. 펜팔을 할 때는 서로 사는 도시와 국적이 다양하니까 자기 소개를 시작하기에 앞서 밝혀 주는 것이 좋습니다.

난 김미나야.
I am Kim Mi-na.

난 대한민국 서울에 살아.
I live in Seoul, Korea.

내 이름은 김혜정이야. 김은 내 성이고 혜정이가 내 이름이야. 그러니까 혜정이라고 불러줘.
My name is Kim Hye-jeong. Kim is my family name and Hye-jeong is my first name. Please call me Hye-jeong.

내 이름은 홍길동인데, 한국에서 아주 흔한 이름이야.
My name is Hong Kil-dong, very common name in Korea.

● **I am 14 years old.**
(난 14살이야.)

자기 나이와 학년을 소개하는 표현입니다. 학년을 말할 때는 one, two, three라는 숫자를 세는 단어 대신 the first, the second, the third 하는 순서를 나타내는 단어를 사용합니다.
참, 우리 나이와 미국 나이 계산법이 다르다는 건 알고 있죠? 우리가 '만으로 몇 살이에요' 라고 하는 말이 외국식 나이 계산이 됩니다.

난 지금은 13살이지만 12월이면 14살이 돼.
I'm 13 right now but I'll be 14 in December.

난 여자애고 15살이야.
I am a girl and I am 15.

난 제주도에 살고 있는 14살짜리 남자아이야.
I'm a 14-year-old boy from Jeju Island.

내 생일은 8월 13일이야.
My birthday is August 13.

네 생일은 언제니?
When is your birthday?

너는 몇 살인지 알고 싶어.
I would like to know how old you are.

나는 강남 중학교 2학년이야.
I'm in the second grade at Gangnam junior high school.

① 성격

● **I'm smart & cool.**
(난 똑똑하고 괜찮은 애야.)

자기 성격을 한마디로 다른 사람에게 설명해 주기란 그렇게 쉬운 일은 아닙니다. 더구나 영어로 표현하면서 자칫 단어를 잘못 선택하는 경우 오해를 불러일으킬 수도 있죠. 성격은 설명한다고 이해되는 것이 아니라 편지를 여러 차례 주고받으며 서로의 생각을 알게 되면서 조금씩 알아져 가는 거니까 너무 자세하게 자신의 성격을 이야기할 필요는 없을 것 같군요..

 알고 있나요

영국·미국 사람들의 애칭

영국·미국 사람들은 친한 사이에는 애칭으로 부르기를 좋아합니다.
지미 카터(Jimmy Carter) 전 미국 대통령은 본 이름인 James를 쓰지 않고 Jimmy라는 애칭을 공식적으로 사용하였습니다. 또한 빌 클린턴(Bill Clinton) 전 미국 대통령의 본 이름은 윌리엄 클린턴(William Clinton)이며, Bill은 William의 애칭입니다.
이 밖에도 많이 쓰이는 남자 이름 중 Ted는 Edward, Mike는 Michael, Bob은 Robert의 애칭이고, 여자 이름 중 Nancy는 Anne, Kate는 Catherine, Betty는 Elizabeth의 애칭입니다.

난 남들과 잘 어울리는 성격이라고 사람들이 그래.
I've been told that I'm a great person to hang around with.

난 굉장히 활달하고 말이 많은 편이야.
I am very energetic and talkative.

난 다정다감하면서 적극적이고 기발한 생각을 잘하지.
I am friendly, outgoing and creative.

난 굉장히 활발한 여자애야.
I am a very active type girl.

난 좀 특이한 편이라고 할 수 있지.
I'm kind of unconventional.

난 자신감 넘치고 재미있는 걸 좋아하는 여자애야. 나랑 취향이 같은 친구를 찾고 있어.
I'm a perky, fun-loving girl looking for a pen pal who has similar interests to mine.

난 다른 사람의 고민을 잘 해결해 줘.
I'm good at solving people's personal problems.

난 굉장히 적극적인 여자애야.
I'm a very outgoing girl.

난 정말 괜찮은 애야.
I am really nice.

난 우리 학년에서 가장 인기있는 학생 중 한 명이야.
I am one of the most popular people in my grade.

난 학교에서 인기가 아주 많고 친구도 많아.
I am very popular at my school and have lots of friends.

② 종교

● **I'm a Christian.**
(난 기독교인이야.)

> 종교나 인종에 관한 질문은 될 수 있는 한 하지 않는 것이 좋습니다. 사회적으로 차별의 원인이 되기도 하는 민감한 문제이기 때문이죠. 자신의 종교나 인종을 밝히는 것은 별로 상관없지만 상대방이 말하기 전에 물어보거나 아니면 특정 종교나 인종에 대해서 비난하는 말은 절대 해서는 안 됩니다.

 난 가톨릭이야.
I'm a Catholic.

 난 불교 신자야.
I'm a Buddhist.

 내 세례명은 요한이야.
My Christian name is John.

 우리 가족은 일요일마다 교회에 가.
My family go to church on every Sunday.

 난 종교가 없어.
I have no religion.

③ 좋아하는 것

● **I like a lot of sports.**
(난 다양한 운동을 좋아해.)

자신이 좋아하는 것을 비교적 자세히 말하면 마음에 드는 친구를 만날 수 있는 확률이 그만큼 커지게 되죠. 보통 사람들은 친구를 사귈 때 자기랑 비슷한 취향을 가진 사람에게 먼저 호감을 가지게 마련이니까요. 취미에 대한 이야기는 6장에서 자세히 다루도록 하고 여기서는 자신이 좋아하는 것을 간단히 소개하는 정도의 표현만 알아보도록 하죠.

 넌 어떤 운동을 좋아하니?
What sports do you like?

 내가 가장 좋아하는 운동은 축구랑 야구야.
My favorite sports are soccer and baseball.

 난 농구를 광적으로 좋아해.
I'm crazy about basketball.

 난 피아노랑 플루트를 연주해.
I play the piano and the flute.

내가 좋아하는 음식은 피자랑 치킨이랑 초콜릿이야.
My favorite foods are pizza, chicken and chocolate.

 난 강아지를 좋아해. 너도 강아지를 좋아하니?
I love puppies. Do you like puppies, too?

 알고 있나요

처음 만난 사람들 사이의 대화 예절

미국 사람들은 처음 만난 사람과 가족관계, 일, 학교, 운동 등에 관한 이야기를 많이 합니다. 예를 들면, 어디에서 사는가?(Where do you live?), 어디에서 일하는가?(Where do you work?), 어느 학교에 다니는가?(What school do you go to?), 고향은 어디인가?(Where do you come from?) 등입니다.

일반적으로 날씨에 관한 이야기는 본격적인 화제를 시작하기 전에 할 수 있는 가장 적당한 주제입니다.

그러나 어떤 질문은 개인적이거나 때로는 예의에 어긋나는 질문을 할 경우도 있기 때문에 처음 만나는 사람에게는 피하는 것이 좋습니다. 예를 들면, 월급이 얼마인가?(How much do you earn?)와 같은 질문은 지극히 개인적인 질문이므로 삼가하는 것이 좋습니다.

또 나이 든 어른들에게 나이를 묻는 것은 예의에 어긋나는 것입니다. 또한 종교나 정치에 관한 질문은 처음 만나 상대방을 잘 모르는 사이일 경우에는 피하는 것이 좋습니다.

④ 장래 희망

● **I want to be a singer.**
(난 가수가 되고 싶어.)

자기 소개를 하면서 장래 희망이 빠지면 허전하겠죠. 아직 정확하게 무엇이 되고 싶은지 정하지 못한 경우도 있을 테고, 하고 싶은 게 너무 많아서 고민중인 친구도 있을 거예요. 그런 경우에는 그냥 자신이 무엇에 관심이 있는지 정도만 이야기해 줘도 괜찮을 듯 싶네요.

 난 동물을 좋아해. 커서 훌륭한 수의사가 되고 싶어.
I love animals. When I grow up, I want to be a great animal vet.

 난 돌고래를 좋아하거든. 크면 돌고래랑 일하고 싶어.
I love dolphins and want to work with them when I grow up.

 난 비행기 조종사가 되는 게 꿈이야.
My dream is to be a pilot.

 나중에 커서 난 외국에 나가 살고 싶어.
When I grow up, I want to move abroad.

 난 춤추는 걸 아주 좋아해서 나중에 무용가가 될 거야.
I love to dance and I want to be a dancer in the future.

 난 만화 그리는 걸 좋아해서 나중에 만화가가 되고 싶어.
I like to draw comics and I want to be a cartoonist.

 난 음악가가 될 거야.
I want to be a musician.

 현재로선 난 꿈이 너무 많아.
I have too many dreams for now.

난 의사가 되어서 아픈 사람들을 돌봐 주고 싶어.
I want to be a doctor to take care of sick people.

난 훌륭한 축구선수가 되어 월드컵 경기에 나가는 게 꿈이야.
My dream is to be a great soccer player and play at a World Cup game.

난 세계에서 가장 높은 산을 오르고 싶다는 꿈을 꾸어 왔어.
I have dreamed to climb the highest mountain in the world.

난 아직 뭐가 되고 싶은지 정하지 못했어.
Actually, I couldn't make up my mind yet on what I want to be.

내가 가장 잘 할 수 있는 것이 무엇인지 아직 모르겠어.
I'm not sure yet what I can do best.

난 동물을 좋아해. 커서 훌륭한 수의사가 되고 싶어.
I love animals. When I grow up, I want to be a great animal vet.

⑤ 외모

● **I'm tall and thin.**
(난 키가 크고 말랐어.)

한 번도 본 적이 없는 상대에게 편지를 쓰다 보면 당연히 그 사람이 어떻게 생겼는지 궁금해지겠죠. 사진을 주고받는다면 좋겠지만 그 전에 자신의 외모를 대략적으로 설명해 주세요. 낯선 친구의 모습을 머리 속에 그려 보는 일도 펜팔 친구니까 가능한 즐거운 상상이 아닐까요. 하지만 너무 외모에 치중해서 질문하지는 마세요. 특히 체중을 물어 보는 건 별로 기분 좋은 질문은 아닐 거예요.

 내 눈은 진한 갈색이야.
I have dark brown eyes.

 내 머리는 길고 검은색이야.
I have long black hairs.

 내 머리는 곱슬머리야.
I have curly hairs.

 내 눈은 크고 쌍꺼풀이 있어.
I have big and double-lid eyes.

난 안경을 써.
I wear glasses.

난 키가 160cm야.
I'm 160 cm tall.

난 작고 뚱뚱한 편이야.
I'm short and a little fat.

난 나이에 비해서 키가 큰 편이야.
I'm tall for my age.

 알고 있나요

도량형

옛날에는 나라마다 길이나 무게 등을 재는 측정 단위로 각기 다른 도량형을 사용했습니다.

우리 나라에도 마, 되, 평, 품, 리, 근 등과 같은 독자적인 도량형이 있었습니다.

19세기에 들어서면서 세계 각국은 도량형 대신 미터법을 사용하기 시작했습니다. 그럼에도 불구하고 미국과 영국은 20세기에 와서도 여전히 미터법 대신 전통적인 야드법을 사용했습니다. 거리를 나타낼 때는 meter를 사용하는 대신 yard와 mile로, liter 대신 gallon을 사용하고, cm는 foot로, 무게를 나타내는 단위인 kg은 pound와 ounce로 사용했습니다.

영국은 20세기 중반부터 본격적으로 미터법을 사용하고 있습니다. 그러나 미국은 최근에 들어서서야 점차로 미터법을 사용하고 있습니다.

How are you doing? I'm just fine. It's freezing cold here in South Korea. What is the weather like in your country? Do you have 4 seasons like us?

I really wanted to have friends in foreign countries for a long time. So I'm very glad to write you this letter.

Let me introduce myself to you. My name is Kim A-rim. My first name is A-rim, and Kim is my family name. It's very common name in Korea. So you can call me A-rim. I'm 14-year-old girl and I go to Gangnam Middle School. I'm in the 2nd grade. English is my favorite subject. I also love to listen to music. Rap is my favorite kind of music though I'm not good at doing it.

Oh! You must be wondering what I look like. I have dark brown hairs, brown eyes, rather white skin, and I'm 154 cm tall. If you want to know more about me, feel free to ask me.

I would like to know more about you and your country. I'll be waiting with great anticipation for your reply.

Sincerely yours,   A-rim.

안녕? 잘 지내니? 난 잘 지내고 있어. 여기 한국은 추운 겨울이야. 너희 나라는 어때? 너희도 우리처럼 4계절을 가지고 있니?

난 오랫동안 외국 친구들을 사귀고 싶어했는데 너한테 이렇게 편지를 쓰게 되어서 아주 기뻐.

아참!! 내 소개부터 할게. 난 김아림이라고 해. 아림이가 내 이름이고 성은 김씨야. 한국에서는 아주 흔한 성이야. 앞으로 아림이라고 불러. 난 지금 14살이고 강남중학교에 다녀. 2학년이지. 영어를 가장 좋아하고 음악 듣는 것도 좋아해. 특히 랩은 내가 제일 좋아하는 장르야. 비록 잘 하지는 못하지만… *^^*

아마 넌 내가 어떻게 생겼는지 궁금할거야.

난 어두운 갈색 머리카락과 갈색 눈, 조금 하얀 피부를 가지고 있어. 키는 154 cm쯤이구. 만약에 나에 대해서 더 알고 싶은 것이 있으면 편하게 물어봐.

나는 너와 네가 사는 나라가 궁금하단다. 네가 답장을 해준다면 난 정말 기쁠 거야. 너의 답장을 기다리며.

아림이가.

Hi, there. I'm Ryu Seon-hwa and I go to Mirae Middle School in Korea. Now, I'll introduce myself to you. I live in Seoul and I'm 15 years old. I have many nicknames but none of them I like. My future dream is to be a singer or nurse. My friends tell me that I'm very good at solving their problems. That's why I have many friends. My favorite things are friends, singers and hamburgers. I love puppies a lot. But my mom doesn't allow me to keep a dog. She doesn't like puppies. Now I really want to know your name and your favorite things. And I hope we can be a good pen pal. If you want a nice pen pal, drop me a line. I gotta go now. Bye.

lovely
Seon-hwa.

안녕, 나는 한국의 미래 중학교 3학년에 다니고 있는 유선화라고 해. 지금부터 내 소개를 할게. 난 서울에 살고 있고 나이는 15살이야. 별명은 꽤나 많은데 내 마음에 드는 별명은 없어. 장래 희망은 가수가 되거나 아니면 간호사가 되는 거야. 친구들은 내가 자기들 고민을 잘 해결해 준다고 얘기해. 그래서인지 난 친구가 아주 많아. 난 친구들하고 가수들을 좋아하고, 햄버거도 좋아해. 참, 난 강아지도 정말 좋아하는데 엄마가 별로 안 좋아하셔서 키우진 못하고 있어. 네 이름이랑 네가 뭘 좋아하는지 정말 궁금해. 우리 앞으로 친한 친구가 되면 좋겠다. 만약 괜찮은 펜팔 친구를 원한다면 꼭 나한테 답장해. 그럼 이만 쓸게. 안녕.

선화가,

Hello, I am a middle school student from Korea. I am 14-year-old girl. Are you as old as me? First, let me tell you about me. My name is Chae Su-hyun. My family is all three, dad, mom and me. And we keep 2 puppies. I'm very outgoing and a little on the go. I want to be a diplomat in the future. I think it's very good to represent my country and have a lot of chances to visit many countries. My favorite food is chicken and pizza. I like fruits, too. My favorite things are doing social studies, playing computer games, and surfing on the net. These days, I became interested in learning English. So I try to practice speaking English. That's all about me. Next time, I'll tell you about my school. Hoping you write back soon. Bye. *^ ^*

lovely
Su-hyun.

안녕. 난 한국에 사는 중학생이야. 14살이고 여자애야. 너도 나랑 같은 나이니? 먼저 내 소개부터 할게. 내 이름은 채수현이고 가족은 아빠, 엄마, 나 이렇게 세 식구에다 강아지 2마리를 키우고 있어. 내 성격은 활발하고 조금은 덜렁거리기도 해. 난 커서 외교관이 되고 싶어. 외교관이 돼서 우리 나라를 알리고, 또 외교관이 되면 외국여행을 많이 다닐 수 있으니까 좋을 것 같아. 내가 좋아하는 음식은 치킨과 피자고 과일도 좋아해. 내가 좋아하는 건 사회공부하기, 컴퓨터 게임, 인터넷 뒤지는 거야. 요즘은 영어에 관심이 많아져서 영어로 말하는 걸 연습하고 있어. 내 소개는 이제 다 했거든. 다음에는 우리 학교에 대해서 이야기해 줄게. 그럼 답장 기다릴게. 안녕. *^^*

수현이가.

장래 희망 (1)

Hi, Jenny.

How is it going? I spent all day studying.

Today I'm going to tell you about my dream. I want to be a teacher. I think it would be very interesting to teach students. But I have to study hard to be a teacher. My friend Hye-sun wants to be a nurse. She want to help sick people. I think it would be very rewarding. What do you want to be? You are active and like travelling, so maybe a tour-guide might interest you. Am I wrong? Please tell me about your future plans. I'll be looking forward to hearing from you soon.

                        sincerely
                        Mi-yeon from Korea.

안녕, 제니.

잘 지내고 있니? 난 종일 공부하며 지내.

오늘은 내 꿈에 대해서 이야기해 줄게. 난 선생님이 되고 싶어. 학생들을 가르치는 일은 재미있을 것 같거든. 하지만 선생님이 되려면 공부를 열심히 해야 해. 내 친구 혜선이는 간호사가 되어서 아픈 사람을 돌봐주고 싶데. 그것도 꽤 보람있는 일일 거야. 넌 커서 뭐가 되고 싶니? 넌 활발하고 여행하길 좋아하니까 여행 안내원이 잘 어울릴 것 같은데… 내가 틀렸니? 너의 미래 계획을 말해줘. 네가 빨리 답장해 주길 바래.

한국에서 미연이가.

장래 희망 (2)

Hello. How's everything with you? I'm doing well and I hope you so.

Have I told you about my dream? Actually I can't sure what I really want to be. I'm interested in many jobs. TV Producer, interpreter, diplomat, dealer.... To do these jobs, I must study hard now. I know. Some of my friends already have their goals in their mind. Sometimes I feel nervous I think I am left behind them. But I will take time to think twice before I make up my mind. Do you have any special jobs on your mind yet? If so, please tell me about your goal. Hoping to hear from you.

lovely
Tae-hee.

안녕, 어떻게 지내고 있니? 난 잘 지내고 너도 잘 지내고 있길 바래.

내가 내 꿈에 대해서 이야기해 준 적 있었니? 사실 난 아직 내가 정말 무엇이 되고 싶은지 잘 모르겠거든. 여러 가지 직업에 관심은 많아. 텔레비전 프로듀서, 통역사, 외교관, 딜러 등등…. 이런 일들을 하려면 지금 열심히 공부해야 한다는 것도 물론 알지. 내 친구들 중에는 벌써 마음을 정한 친구들도 있어. 가끔은 내가 뒤처지는 게 아닌가 해서 불안한 마음이 들기도 해. 하지만 마음을 정하기 전에 충분히 생각할 시간을 가지기로 했어. 너는 뭐가 될지 벌써 결정했니? 만약 정했다면 나한테 네 목표에 대해서 말해 줄래. 소식 기다리고 있을게.

태희가.

장래 희망 (3)

Hi, how are you? Yesterday, summer vacation just started. Do you have any great plan for vacation? For me? Nothing special. On this vacation, I will spend much time practicing the piano, because I decided to become a pianist. As I told you before, I like music very much. I have been playing the piano since I was 6 years old. I had participated in many contests and won the first prize several times. Many people tell me I am really talented. However, I know to be a great pianist is not easy. I have little time to play with my friends and do some other things I like to do. But once I decided to be a pianist, I will try hard to make my dream come true. Someday I'd like to play for you. Now, I gotta stop for now. See you!

from Seoul
Jae-hee.

안녕, 어떻게 지내니? 어제부터 여름방학이 시작됐어. 넌 무슨 근사한 방학 계획 가지고 있니? 나? 특별한 건 없어. 이번 방학에는 피아노 연습으로 대부분의 시간을 보낼 것 같아. 왜냐하면 나 피아니스트가 되기로 마음 먹었거든.

전에 말했던 것처럼 난 피아노 치는 걸 무척 좋아하고 6살 때부터 피아노를 쳤어. 대회에 나가서 일등상도 여러 번 받았거든. 사람들은 나보고 재능이 있다고 칭찬들을 해. 하지만 난 피아니스트가 되는 일이 그렇게 쉽지 않다는 걸 알아. 친구들과 놀 시간도 별로 없고 내가 좋아하는 일들을 할 수도 없다는 것도 말야. 하지만 일단 피아니스트가 되기로 결심했으니까 내 꿈을 이루기 위해서 열심히 연습할 거야. 언젠가 너에게 내 연주를 들려 줄 수 있길 바래. 오늘은 이만 쓸게. 그럼!

서울에서
재희가,

Hi, it's Hye-young. I'm so glad to write a letter to you. It's my first letter, so we don't know each other. So I want to let you know about me. I'm 14-year-old girl from Incheon, Korea. I have an elder sister and a little brother. I think I am very kind to other people and quite nice. I wonder who and what you are. I want to know everything about you, your name, age, family, your favorite things and your dream. I'm really waiting for the first letter from you. I hope we will be a real friend to each other. Bye for now.

안녕, 난 혜영이야. 너한테 이렇게 편지를 쓰게 돼서 정말 기뻐. 이번이 첫번째 편지라서 우리 서로에 대해 아는 게 없잖니. 그래서 나에 대해 좀 알려주려고 해. 난 14살이고 한국의 인천에 살고 있는 여자아이야. 난 언니랑 남동생이 하나 있거든. 내가 생각하기에 난 다른 사람들에게 친절하고 꽤 괜찮은 애라고 생각해. 넌 어떤 아인지 정말 궁금하다. 네 이름, 나이, 직업, 네가 관심있어 하는 게 뭔지 다 알고 싶어. 너한테서 올 첫번째 편지가 정말 기다려져. 우리 서로한테 좋은 친구가 될 수 있길 바래. 그럼 이만.

3. 가족 소개

가족 구성원, 특징

1. 가족 소개하기

2. 구성원 특징 이야기하기

3. 사는 곳

펜팔 예문

3. 가족 소개

가족 구성원, 특징

● Now to my family

　서로 편지를 주고받게 되면 자기 주변 이야기부터 하게 되죠. 아마 학교 생활이나 자기 가족에 대한 이야기를 가장 먼저 하게 될 것입니다. 이번 장에서는 가족을 소개하는 표현에 대해서 알아보도록 하겠습니다. 가족을 소개할 때는 먼저 구성원을 이야기하게 되고 각 구성원들의 특징, 즉 나이, 직업, 취미, 성격 등에 대해서도 간략하게 이야기해 줄 수 있습니다. 특히 요즘은 애완 동물을 가족으로 여겨서 자신이 기르는 애완 동물에 대한 이야기도 꽤 많이 하게 됩니다. 상대방과 좀더 친해지고 편지를 자주 주고받게 되면 가정에서 일어나는 재미있는 에피소드나 이벤트에 대해서도 이야기해 줄 수 있겠지만 여기서는 간단하게 가족을 소개하는 정도만 다루도록 하겠습니다.

① 가족 소개하기

● **There are five members in my family.**
(우리 가족은 모두 5명이야.)

> 가족 소개를 할 때는 가장 먼저 구성원에 대해 이야기하는 것이 보통입니다. 요즘은 대부분이 핵가족으로 형제도 없이 외동 딸, 혹은 외동 아들인 경우도 많이 있죠. 아래 표현들을 이용해서 자기 가족 규모에 대해서 이야기해 보세요.

 내 가족에 대해서 말해 줄게.
I'll tell you something about my family.

 우리 가족을 소개할게.
Let me introduce my family.

 우리 가족은 대가족이야.
My family is a large one.

 너희 가족은 어떠니?
How about your family?

 난 여동생이 둘이야.
I have 2 younger sisters

우리 가족은 부모님, 형, 여동생 그리고 나 이렇게 5명이야.
My family consists of 5 members, dad, mom, big brother, younger sister and me.

난 할아버지, 할머니, 부모님, 여동생과 함께 살고 있어.
I live with my grandparents, my parents and a younger sister.

난 부모님과 10살짜리 여동생과 함께 살아.
I live with my parents and little ten-year-old sister.

아빠, 엄마, 11살 된 남동생이 있어.
I have dad, mom and one brother. He is eleven years old.

난 남자 형제가 둘 있는데, 날 많이 약올리고 괴롭혀.
I have 2 brothers. They love to tease me.

가끔은 여자 형제가 있었으면 하고 바래.
Sometimes I wish I had a sister.

난 각각 12살, 9살된 여동생이 두 명 있어.
I have two sisters aged 12 and 9.

난 오빠가 없어서 오빠가 있는 친구들이 부러워.
I have no big brothers. So I envy my friends who have their big brothers.

 난 외동아들(딸)이야.
I am an only son(daughter).

 난 우리 집에서 첫째야.
I am the oldest in my family.

 우리 부모님은 2년 전에 이혼하셨어.
My parents divorced 2 years ago.

 아빠는 3년 전에 교통사고로 돌아가셨어.
My dad died in a traffic accident 3 years ago.

 난 지금 아빠랑 새엄마랑 이복 여동생이랑 살아.
I live with my dad, step mom and half sister.

 나보다 나이가 많은 형이 둘 있는데, 한 명은 16살이고 한 명은 19살이야.
I have 2 brothers older than me. One is 16 and the other is 19.

난 형제가 아무도 없어.
I have no siblings.

난 지금 언니랑 형부, 언니 아들인 조카와 함께 살고 있어.
I live with my big sister, her husband and their son.

난 우리 집에서 막내야.
I am the youngest in my family.

난 쌍둥이 형(언니)이 있어.
I have a twin brother(sister).

② 구성원 특징 이야기하기

● **My father is 45 years old and works for a trading company.**
(아버지는 45세로 무역 회사에 다니고 계셔.)

 아빠는 사업을 하셔.
My dad is a business man.

 아빠 공무원이셔.
My father is a government official.

 우리 부모님은 식품점을 운영하셔.
My parents are running a grocery store.

아빠 항상 바쁘셔서 우리랑 보내는 시간이 많지는 않아.
My father is alway busy, so he has little time to be with us.

엄마는 선생님이셔.
My mom is a teacher.

아빠 자주 출장을 가셔.
He's often on the business trip.

아빠는 자상하고 재미있으셔.
My dad is very kind to us and humorous.

아빠 무척 엄하신 편이야.
My father is sort of stubburn.

엄마는 40세로 가정주부시지.
My mother is 40 and she is a housewife.

엄마는 요리 솜씨가 아주 좋으셔.
My mom is a good cook.

엄마는 중학교에서 영어를 가르치신단다.
My mom teaches English at a middle school.

오빠는 지금 대학생이야.
My big brother is a college student.

우리 누나는 고등학생이야.
My sister is a high school student.

난 여동생과 방을 함께 쓰고 있어.
I share a room with my sister.

형과 누나는 이미 결혼을 했어.
My elder brother and sister are already married.

일요일에는 아빠랑 등산을 해.
On Sundays, I go climbing mountains with Dad.

언니는 미국에서 공부하고 있어.
My sister is studying in the US.

우리 큰 형은 지금 군대에 가 있어.
My big brother is serving in the army.

넌 형제가 있니?
Do you have any brothers or sisters?

주말엔 아빠가 우리를 놀이공원에 데려가 주기도 하셔.
Dad takes us to an amusement park on weekends.

주말에는 식구들과 외식을 해.
On weekends, our family eat out.

일요일에는 식구들 모두 교회에 가.
All of my family go to the church on Sundays.

나도 강아지를 한 마리 키우고 싶지만 엄마가 싫어하셔.
I want to keep a dog but my mother doesn't like it.

난 강아지 두 마리와 새 두 마리를 키워.
I have two dogs and two birds.

 2주일 후면 강아지가 한 마리 생겨.
I'm getting a puppy in two weeks.

 너의 애완동물에 대해서 얘기해 줘.
Please tell me about your pet.

 몇몇 친구들은 애완동물로 햄스터를 키우고 있어.
Some of my friends keep hamster as a pet.

 너도 애완동물이 있니?
Do you have any pet?

③ 사는 곳

● **I live in Seoul.**
(난 서울에 살아.)

자신이 살고 있는 곳을 간단하게 얘기해 봅시다.

 난 서울에서 태어났고 거의 16년간 서울에서만 살았어.
I was born in Seoul and have lived here for about 16 years.

 난 지난 2월에 부산에서 이곳으로 이사왔어.
I moved here from Busan in last February.

난 고향이 대구야. 사과로 유명한 곳이지.
My hometown is Daegu. It is famous for apples.

 난 시골에 살고 있어.
I live in the country.

영어에서의 존대말

우리는 보통 영어에는 존대말이 없다고 생각합니다. 왜냐하면 손아랫사람에게도 you, 손윗사람에게도 you라고 말하기 때문이지요. 그렇지만 영어에도 상대방을 존중하는 표현이 있습니다. 그리고 어른들에게도 써서는 안 되는 표현이 있습니다.

미국인들은 개방적이어서 예의를 갖추지 않는 것처럼 보이지만, 사실은 그들도 손아랫사람이 손윗사람에게 대하는 예의는 깍듯하고 분명합니다.

가령, 젊은 사람들 사이에서 흔하게 쓰이는 "What's up?"은 손윗사람에게는 쓰지 않습니다. 우리말로 하면 "웬일이니?"이죠.

손윗사람인 상대방에게 양해를 구할 때는 반드시 "Excuse me, ~"라는 말을 먼저 합니다.

또한 부탁이나 요청을 할 때도 반드시 please를 넣거나 May I ~?, Would you mind~?, Would you ~? 등의 공손한 표현을 씁니다.

난 부산에 살고 있어. 부산은 한국에서 두 번째로 큰 도시란다.
I live in Busan, the second biggest city in Korea.

우리 집은 서울 근교에 있어.
My house is in the suburb of Seoul.

난 아파트에 살고 있어.
I live in an apartment.

우리 집은 다세대 주택의 3층에 있어.
My house is on the third floor of a tenement house.

나는 2층짜리 단독 주택에 살아.
I live in a two-story house.

우리 집은 바닷가에서 가까워.
My house is near to seashore.

우리 집에는 커다란 연못이 있어서 여름에는 그곳에서 수영을 해.
There is a big pond and I swim in the pond all summer.

Hello, Tommy!

I'm Seong-yoon.

This is my third letter to you and I'm sorry that it's been so long since I last wrote to you.

Now, I'll introduce my family to you. There are four members in my family.

My father(he is a great policeman), my mother(she is a housewife), my younger sister and me. My sister is now 12 years old and she wants to be a famous ballerina in the future. Our family live in an apartment in the suburb of Seoul. I think we are very happy family and I love my family a lot. You do love your family, don't you? I want to know about your family. In your next letter, please write about your family.

Take care.
Bye.

                                            lovely
                                            Seong-yoon.

안녕, 토미!
나 성윤이야.

이번이 너한테 3번째 쓰는 편지야. 지난 번 편지 쓰고 너무 오랜만에 써서 미안해.

오늘은 우리 가족을 너한테 소개하려고 해. 우리 가족은 모두 4명이야. 아빠(아빤 훌륭한 경찰관이셔.), 엄마(엄만 가정주부시지), 여동생, 그리고 나야. 내 동생은 지금 12살인데 이 다음에 유명한 발레리나가 되고 싶대. 우리 가족은 서울 교외에 있는 아파트에 살아. 내가 보기에 우리는 아주 행복한 가정이고 난 우리 가족을 아주 사랑해. 너도 너의 가족을 사랑하지, 그지? 너의 가족에 대해서 나도 알고 싶은데, 다음 번 편지에는 가족 얘기 좀 써 줘.

잘 지내.
안녕.

성윤이가.

Dear Amy.

Hi, Amy. How's your day? Anything special? These days, I really enjoy reading your letter. It's a lot of joy for me to correspond with you. This time, I'm going to tell you about my family. There are 5 people in my family : my dad, mom, sister, brother and me. My dad is a computer programmer and my mom is a teacher. She teaches science at a middle school. My younger brother is so cute and my sister is 18 years old. She is a high school student. She is pretty and smart. She is doing well at school. So my parents are very proud of her. Ah, I missed one itself of my family. It's my puppy, Aji. His name means a puppy in Korean. He is only 4 months old. I love to play with him. Do you have any pets? If you so, please tell me about it.

See you.
I'll write again.

With love,
Da-young.

에이미에게,

안녕, 어떻게 지냈니? 특별한 일은 없었고? 요즘 난 네 편지 읽는 일이 너무나 즐거워. 너랑 이렇게 편지를 주고받는 게 나에게는 정말 큰 기쁨이야.

이번엔 내 가족에 대해 이야기해 줄게. 우리 가족은 모두 5명이야. 아빠 엄마 여동생 남동생 그리고 나. 아빠는 컴퓨터 프로그래머이시고, 엄마는 선생님이셔. 엄마 중학교에서 과학을 가르치셔. 남동생은 무척 귀엽단다. 언니는 지금 18살이고, 고등학생인데 예쁘고 똑똑하고 공부도 잘해. 부모님이 무척 자랑스러워하시지. 참, 가족 중에서 한 명을 빠뜨렸네. 바로 우리 집 강아지 "아지"야. 이름 자체가 강아지란 뜻이야. 이제 겨우 4달 밖에 안 됐어. 난 아지랑 노는 걸 정말 좋아해. 너도 애완동물을 키우고 있니? 있으면 얘기 좀 해 줘.

그럼 다음에 또 쓸게.

다영이가.

3. 가족 소개

Dear Shelly.

Hi, how are you? Thank you for your letter. Because you asked me about my family, I'll introduce my family to you.

My family is father, mother, grandmother, younger sister, two younger brothers (they are twins) and me. Big family, isn't it? I'm the oldest in my family and my little brothers and sister are very cute. My dad and mom both work and come home very late. So I have to take care of my brothers and sister. I help them to do their homework.

Ah, now I'll tell you some about my grandma. She is 72 years old now. Her hometown is Kae-seong, a city in North Korea. As you know, Korea has been divided into two Koreas, the South and North since the Korean War. My grandma often talks about her family staying in North Korea. But we don't know even they are still alive. I really hope Korea will be unified again in the near future and my grandma can meet her family again.

I'm afraid my letter went too long. I gotta stop now. Bye.

sincerely
Eun-hye.

셸리에게,

안녕, 잘 지냈니? 편지 고마워. 네가 우리 가족에 대해서 물어봤으니까 너한테 우리 가족을 소개할게.

우리 가족은 아빠, 엄마, 할머니, 여동생, 남동생 두 명(쌍둥이야) 그리고 나야. 대가족이지, 그지? 내가 맏이고 내 동생들은 정말 귀여워. 엄마랑 아빠 두 분 다 일하고 집에 늦게 돌아오시거든. 그래서 내가 내 동생들을 돌봐줘야만 해. 숙제하는 것도 도와주고.

참, 이제 우리 할머니 얘기를 해줄게. 할머니는 지금 72세이시고 고향은 개성이셔. 북한에 있는 도시지. 너도 알겠지만 한국은 한국전쟁 이후로 남북으로 나뉘어져 있잖아. 할머니는 종종 북한에 남아 있는 가족 얘기를 하셔. 하지만 아직 살아계시는지조차 알 수 없어. 빨리 통일이 되어서 우리 할머니가 가족들을 만나실 수 있게 되었으면 좋겠어.

편지가 너무 길어졌어. 그만 마쳐야 할 것 같아. 안녕.

은혜가.

Dear Alice.

Hi, how have you been? Today I'll introduce my family to you. My family members are four, including me. My father : He is a business man. And he is always kind and generous to me. My mother : She is also a business woman. I'm very proud of her. When I'm in a trouble, she is always my side to be a good counselor. My brother : His name is Lee Seong-hyun. He is a high school student and in the 2nd grade. He is very handsome and good at every sport- especially running.(He is a short-race athlete in his school). So he is very popular to girls. He plays computer games well. —I love my family so much. How about your family? Could you tell me about your family? I really love to read your letter. Write back soon. Bye.

                          Sincerely
                          Ju-eun.

앨리스에게,

안녕, 그동안 어떻게 지냈니? 오늘은 가족 소개를 하려고 해. 우리 가족은 나를 포함해서 4명이야. 우리 아빠 : 사업을 하시지. 나한테는 항상 너그러우셔. 우리 엄마 : 엄마도 역시 사업을 하셔. 난 그런 엄마가 무척 자랑스러워. 내가 어려움에 처해 있을 때면 항상 내 편이 되어주시고 좋은 얘기도 많이 해주셔. 우리 오빠 : 오빠 이름은 이 성현이야. 지금 고등학교 2학년이야. 오빠는 굉장히 잘 생기고 운동도 전부 다 잘해. 특히 달리기를 잘하는데 학교에서 육상선수야. 그래서 여자애들한테 인기가 아주 많아. 오빤 컴퓨터 게임도 무척 잘해. 난 우리 가족을 정말 사랑해. 너의 가족은 어떠니? 나한테 얘기해 주지 않을래? 난 네 편지 읽는 일이 정말 좋거든. 답장 빨리 해. 안녕.

주은이가,

4. 학교 생활

1. 학교 소개

2. 학년, 학기

3. 수업

4. 등교하기

5. 과목

6. 클럽활동

7. 현장학습, 수학여행

펜팔 예문

학생들에게 가장 많은 비중을 차지하는 것은 아마도 학교생활일 겁니다. 학교 얘기를 빼면 할 얘기가 절반으로 줄어들 만큼 말이죠. 서로 다른 나라, 다른 환경에서 교육을 받고 있기 때문에 궁금한 점도 많고 모든 사실이 새롭기만 할 거예요.

① 학교 소개

● **I'm going to talk about my school life.**
(나의 학교 생활에 대해서 이야기해 줄게.)

자신이 다니고 있는 학교의 특징에 대해서 이야기해 주도록 합시다. 규모는 얼마나 큰지, 어떻게 운영되고 있는지에 대해서 간단하게 설명해 주도록 하세요.

난 사립 중학교에 다녀.
I go to a private middle school.

우리 학교는 남녀 공학이야.
My school is co-educated.

우리 학교는 규모가 작아.
My school is a small size one.

우리는 교복을 입어.
We wear school uniforms.

우리 학교에는 학급수가 모두 21학급이야.
There are 21 classes in my school.

각 학년에는 7개 학급이 있어.
There are 7 classes in each grade.

우리 학교에는 약 40명의 선생님이 계셔.
There are 40 teachers in our school.

한 반의 학생 수는 40명 정도야.
There are about 40 students in a class.

남학생수가 여학생수보다 많아.
Boys outnumber girls.

너희는 한 반에 학생 수가 몇이니?
How many students are there in your class?

우리 담임 선생님은 좀 엄하셔.
My homeroom teacher is rather strict.

우리 담임 선생님은 예쁘고 우리한테 굉장히 친절하셔.
My homeroom teacher is beautiful and very kind to us.

난 선생님을 도와드리는 걸 좋아해.
I like helping my teachers.

매일 숙제가 아주 많아.
I have a lot of homework every day.

 점심시간에는 급식을 먹어.
We have supplied food for lunch at school.

 쉬는 시간은 매우 소란스러워.
Classroom turns to be quite messy at break time.

 너의 학교 생활에 대해서 말해 줄래?
Would you tell me about your school life?

영국의 학교제도

영국의 학교 제도 중 의무 교육은 만 4, 5~16세입니다. 지역이나 학교에 따라 차이는 있지만 초등학교 7년 과정, 중·고등학교는 5년 과정이 의무교육입니다. 대학 진학을 하려면 2년 과정을 추가로 이수합니다.

영국에는 공립학교, 사립학교, 외국인학교 등 세 종류의 학교가 있습니다. 초등학교는 거의 대부분 남녀 공학으로서, 학급당 학생수는 20~26명, 교사 1인당 학생수는 22명입니다.

공립학교에 다니는 영국 전체 중등학교 학생의 85% 정도가 종합 중등학교에서 교육을 받고 있습니다.

사립학교는 역사와 전통을 자랑하는 명문학교가 많은데, Eton, Winchester, Rugby, Harrow 등이 유명합니다.

② 학년, 학기

● **In Korea, the school year begins in March.**
(한국에서는 3월에 새학년이 시작돼.)

우리 나라에서는 3월에 새학년이 시작되어서 다음 해 2월에 끝나지만 외국에서는 그렇지 않은 경우도 꽤나 많답니다. 서로 다른 점에 대해서 물어보고 알려주도록 하세요.

1학기는 3월에 시작해서 7월 말까지 계속돼.
The first term starts in March and lasts until the late July.

2학기는 9월부터 다음 2월까지야.
The second term is from September to next February.

2월에는 졸업식이 있어.
We have the graduation ceremony in February.

새 학기는 9월 1일에 시작해.
Our new term will begin from Sep. 1.

학년은 2월에 끝나.
School year ends in February.

새 학년이 시작되기 전에 약 10일간 봄방학이 있어.
We have about ten-day spring break before new shcool year begins.

한국에서는 일곱 살(혹은 여덟 살)에 초등학교 생활을 시작해.
In Korea, children start primary school life at the age of seven(or eight).

 알고 있나요

미국의 학기

미국의 새 학년은 우리 나라와 달리 9월에 시작합니다. 그리고 우리 나라는 1학기·2학기로 부르는데, 미국은 가을학기(fall semester)와 봄학기(spring semester)라고 부릅니다.

학생들이 기다려지는 여름방학, 겨울방학 기간도 우리와 다릅니다. 겨울방학은 1~3주일 정도로 짧지만, 여름방학은 2~3개월 정도로 길기 때문에 미국의 중·고등학생들은 여름방학 동안에 여행을 하거나 봉사활동이나 아르바이트를 하기도 합니다.

대학생들은 여름방학에 열리는 Summer School(조기 졸업을 하기 위해서, 또는 부족한 학점을 보충하기 위해서 방학 기간에 열리는 강의)를 듣고 학점을 미리 취득하여 예정된 학기보다 반 년 또는 1년 먼저 졸업할 수도 있습니다.

③ 수업

● **School starts at 9 o'clock in the morning.**
(수업은 오전 9시에 시작해.)

> 학교에서 가장 중요한 건 바로 수업 시간이 되겠죠. 우리 나라는 아직 일주일에 6일을 수업하고 있지만 월요일부터 금요일까지 주 5일 수업을 하는 나라들도 많이 있답니다.

오후 3시쯤에는 수업이 다 끝나.
School ends before 3 o'clock in the afternoon.

하루에 4시간에서 6시간 수업이 있어.
We have 4~6 classcs a day.

한 시간은 45분 수업이야.
Each class lasts for 45 minutes.

월요일부터 토요일까지 수업이 있어.
We have classes from Monday to Saturday.

④ 등교하기

● **I go to school on foot.**
(난 학교까지 걸어서 다녀.)

> 외국에서는 학교에 갈 때 주로 school bus를 이용하거나 자전거를 타고 등교합니다. 노란색 school bus에서 내리는 학생들을 차들이 모두 차분하게 기다려주는 모습은 영화에서도 많이 보셨죠. 우리 나라에서는 대체로 집 근처에 있는 학교에 다니기 때문에 걸어 다니는 경우가 많죠. 간혹 늦잠을 자는 바람에 엄마, 아빠가 태워다 주는 학생들도 있구요. 여러분들은 학교에 어떻게 가세요?

우리 학교는 집에서 멀지 않아.
 My school is not far away from my house.
 My school is near my home.

난 스쿨버스를 타고 학교에 가.
I go to school by school bus.

난 버스를 타고 학교에 가.
I go to school by bus.

난 자전거를 타고 학교에 가.
I go to shcool by bike.

엄마가 학교까지 매일 차로 태워다 주셔.
My mom gives me a drive to school every morning.

학교까지는 약 15분 정도 걸려.
It takes me about 15 minutes to go to school.

넌 학교 갈 때 어떻게 가니?
How do you get to school?

⑤ 과목

● **My favorite subject is math.**
(내가 가장 좋아하는 과목은 수학이야.)

학교에 가면 월요일부터 토요일까지 빽빽하게 짜여진 시간표가 있지요. 배우는 과목이 여러 가지니까 저마다 잘하고 좋아하는 과목이 다를 거예요. 물론 머리가 절래절래 흔들어질 만큼 지겹고 싫은 과목도 있을 테구요. 다른 나라 친구들은 학교에서 무엇을 배우고 있을까요? 궁금하지 않으세요?

난 영어를 좋아해.
I like English.

영어 시간은 참 재미있어.
We have lots of fun in English class.

난 그림 그리는 걸 좋아해서 미술 시간이 가장 좋아.
I love to draw, so I like art class most.

사회는 지루해서 싫어.
I hate social study, because it's boring.

난 체육시간이 제일 좋아.
I like physical education most.

지리시간에 너희 나라에 대해서 배웠어.
I learned about your country in geography study class.

과학시간에는 신기한 사실들을 알게 되어서 좋아.
I can learn many interesting things from science class.

난 노래 부르는 걸 좋아해서 음악시간이 기다려져.
I'm looking forward to music class because I love to sing.

난 화학시간을 손꼽아 기다려.
I'm looking forward to chemistry class.

 수학은 너무 어려워서 싫어.
I hate math, because it's too difficult.

 난 어려운 문제를 풀었을 때 너무 기분이 좋아. 그래서 수학을 좋아하지.
I feel so great when I solve a difficult problem. That's why I like math.

 성적이 좋아서 부모님이 기뻐하셔.
My parents are happy with my excellent record.

 시험 보는 건 정말 싫어.
I really hate to take exams.

오늘은 수학시험을 봤어.
Today, I took math exam at school.

성적이 별로 좋지 않아서 걱정이야.
I'm afraid my record is not good

너는 학교에서 어떤 과목을 배우니?
What subjects do you study at school?

어떤 과목을 가장 좋아하니?
What is your favorite subject?

 알고 있나요

미국의 학제

우리 나라와 일본의 학제는 초등학교 6년, 중학교 3년, 고등학교 3년으로 되어 있습니다. 그러나 미국은 주마다 조금씩 다르고, 사립학교마다 다릅니다. 어떤 곳은 초등학교와 유치원을 포함하여 8년제인 학교도 있습니다. 중학교와 고등학교 과정을 합쳐 5년으로 된 학교도 있습니다. 그렇지만 중고등학교까지는 12년의 의무교육을 받는 것으로 통일되어 있습니다. 그리고 미국은 초등학교부터 고등학교까지의 전 과정을 통산하여 학년을 말합니다. 즉 미국에서 10학년은 우리 나라에서는 고등학교 1학년입니다.

⑥ 클럽활동

● **I am in Boyscout.**
(난 보이스카우트에 들었어.)

> 학교에 가서 공부만 해야 한다면 얼마나 학교 생활이 삭막하게 느껴질까요? 학교에 가서 내가 좋아하는 취미활동을 할 수 있는 클럽활동은 정말 가장 기다려지는 시간 중 하나일 거예요. 시간표에 C.A.라고 쓰여 있는 시간, 바로 Club Activity의 약자로 서클이라는 표현은 옳지 않답니다.

 난 학교 축구부에 있어.
I am on my school soccer team.

 난 초등학교 때부터 죽 학교 수영팀에 있어.
I've been on a swim team since I was an elementary school student.

 나는 합창부에서 노래를 해.
I sing in a choir.

 나는 영어연극부 단원이야.
I am a member of English drama club.

클럽활동은 1주일에 한 번씩 모여.
We get together for club activity once every one week.

봄에는 학예 발표회가 있어.
An exhibition day of student work is held in the spring.

너는 무슨 클럽에 속해 있니?
What club are you in?

가을에는 체육대회를 해.
There held sports festival in autumn.

⑦ 현장학습, 수학여행

● **We go on a field trip almost once a month.**
(우리는 거의 한 달에 한 번 정도 현장 학습을 가.)

예전에는 소풍이라고 하여 한 학기에 한 번 가던 것이 요즘은 한 달에 한 번 정도 학교 밖으로 나가서 체험학습 혹은 현장학습을 다녀오지요. 손꼽아 기다려지는 수학여행, 수련회. 과연 외국 친구들도 수학여행을 갈까요?

다음 주에 국립 박물관으로 현장학습을 갈 거야.
We are going to go on a field trip to the National Museum.

3학년 2학기 때는 수학여행을 가.
We go on a school excursion in the second term of the 3rd grade.

경주로 2박 3일간 수학여행을 가게 되었어.
We are going to go on a school excursion to Gyeongju for 3 days.

학교생활

Dear Alice.

Hello, How have you been lately? I'm getting along quite well.

Today, I'm going to tell you about my class. It is made up of 21 boys and 19 girls. We help each other and study very hard. I am very popular at my school and have lots of friends. My homeroom teacher is rather strict to us, but he trys to understand his students. I like my class and enjoy my school life. I'm going to tell you more about my school next time. Please write to me about yours. Bye. ^^*

lovely Ji-hye.

앨리스에게,

안녕, 요즘 어떻게 지냈니? 난 아주 잘 지내.

오늘은 우리 학교에 대해서 말해 줄게. 우리 반은 남자애들이 21명이고 여자애들이 19명이야. 우린 서로 잘 돕고 공부도 열심히 한단다. 난 우리 학교에서 인기가 많아. 그래서 친구도 많지. 우리 담임선생님께서는 약간 엄한 편이긴 하지만 우릴 이해하려고 많이 노력하셔. 난 우리 반이 정말 좋고 학교 생활이 즐거워. 다음에 학교생활에 대해서 더 말해 줄게. 너도 너의 학교 생활에 대해서 나한테 알려줘. 안녕. ^^*

지혜가,

학과목, 공부

Hi, Marian.

I'm sorry for my belated answer. I was so busy doing my homework. My homeroom teacher always gives us lots of homework. It takes a lot of time, so I have little time to play with friends. Sometimes my mom helps me doing homework. Do you have to do much homework like me?

Marian, what is your favorite subject? I like math, because it's so exciting to solve difficult problems. I don't like social studies much. I think it's boring, isn't it? How many subjects do you study at school? .What is your favorite subject? I hope you like math, too. Any way, tell me some. See you.

your friend,
Jeong-hyun.

안녕, 메리안.

답장이 늦어서 미안해. 숙제하느라 너무 바빴어. 우리 담임선생님은 항상 숙제를 많이 내 주셔. 시간도 많이 걸리고 해서 친구들과 놀 시간도 별로 없어. 가끔은 엄마가 숙제를 도와주시기도 하지. 너도 나처럼 숙제가 많니?

메리안, 넌 좋아하는 과목이 뭐니? 난 수학을 좋아해. 어려운 문제를 풀게 되면 정말 신나거든. 하지만 사회는 별로 좋아하지 않아. 내가 생각하기에 사회는 좀 따분한 것 같아. 그렇지 않니? 넌 학교에서 몇 과목이나 배우니? 좋아하는 과목은? 너두 수학을 좋아했음 좋겠다. 어쨌든 얘기 좀 해줘. 그럼 안녕.

너의 친구
정현.

클럽활동

Dear Steven.

Hi, how's everything with you? Are you doing well at school?

Last weekend, I went backyard-camping. I'd like to tell you about it. As I told you before, I'm in boyscout and we go camping almost once a month. This time, we went backyard-camping. Do you know what it is? Backyard-camping means we camp on the school playground. We set up a tent on the ground and do the same thing as we do at the camping to other places. We make our meals by ourselves, play many games, have a dance party and song festival. Doesn't it sound nice? I do love camping and other outdoor activities. How about you? Next time, I'll tell you about when I went fishing. Now, I'd better stop now. Take care and good bye.

sincerely
Hyun-kyu.

스티븐에게,

안녕, 어떻게 지내니? 학교는 잘 다니고 있니?

지난 주말에 나는 뒤뜰 야영을 갔었는데 너한테 얘기 해주고 싶어서 이렇게 편지를 쓰는 거야. 전에 말한 것 처럼 난 보이스카웃이거든. 우린 거의 한 달에 한 번 캠 핑을 가. 이번에는 뒤뜰 야영을 했는데 너 뒤뜰 야영이 뭔지 아니? 뒤뜰 야영은 학교 운동장에서 캠핑을 하는 거야. 학교 운동장에 텐트를 치고 다른 곳으로 캠핑갔을 때랑 똑같아. 밥도 짓고, 게임하고, 댄스 파티랑 노래자 랑도 하고 말야. 어때, 정말 재밌겠지 않니? 난 캠핑이랑 야외에서 하는 활동은 다 좋아해. 넌 어떠니? 다음에는 낚시갔던 얘기 해줄게. 그럼 오늘은 이만 쓸게. 건강하 고 잘지내.

현규가.

학교행사

Hi, Paul.

I'd like to tell you about my school. It is about 15-minute walk away from my house. We have two terms in a school year. The first one begins in March and the second one in September. We have vacations 3 times (summer, winter and spring vacation). I like the summer vacation most, because I can go swimming, fishing, hiking and so on. We also have an exhibition and sports festival in fall. It is lots of fun. All of the students go on school excursions in spring and autumn and the 3rd grade students go on an educational tour for 3 days. We have a school foundation anniversary next month. We don't have class on that day. What is your school life like? Would you tell me about it? Hoping to hear from you soon. Bye for now....

yours,
Bo-ram.

안녕, 폴.

오늘은 우리 학교에 대해 말해 주려고 해. 우리 학교는 집에서 걸어서 15분 거리에 있어.

한 학년에는 두 학기가 있는데 일학기는 3월에 시작하고 이학기는 9월에 시작해. 방학은 모두 3번 있는데 (여름, 겨울, 봄방학) 나는 여름 방학을 제일 좋아해. 수영이랑 낚시랑 등산 같은 것들을 할 수 있거든. 거기다가 가을에는 전시회랑 체육대회가 열리는데 정말 재미있어.

봄이랑 가을에는 전교생이 소풍을 가고 3학년 학생들은 3일간 수학여행을 가. 다음 달에는 우리 학교 개교기념일이 있는데 그 날엔 수업이 없어.

너희 학교 생활은 어떠니? 네 얘기 좀 해주지 않을래? 답장 기다리며….

보람이가.

수학여행

Dear William.

Hi, are you doing well at school? I came back from school excursion 2 days ago. I went school excursion to Gyeongju for 3 days. Gyeongju is a city full of historical sites and remains, so it is called "a Museum without walls". Gyeongju was a capital of Shilla Dynasty over 1000 years. We had quite busy schedule to visit many places, but in the evening we were given free time. We had specialty performance show and great dance party until midnight. We had a real good time. On the bus heading for Seoul, everyone fell asleep and it was very quiet unlike when we first left for Gyeongju. Now I'm sitting at the desk but the thought of school excursion is still hanging over my head. I will miss the trip a lot, because it was the last one I can go as a middle school student. Here I'm sending a picture of me at Gyeongju. I took the picture at Bulguk temple, one of the most famous temple in Korea. Suddenly, I wonder you also go school excursion. If you do, where to? Please let me know about it in your next letter. Bye.

truly
Hee-jo.

윌리엄에게,

안녕, 학교 잘 다니고 있니? 난 이틀 전에 수학여행을 다녀왔어. 3일간 경주로 수학여행을 다녀왔거든. 경주는 '담 없는 박물관'이라고 불릴 정도로 도시 전체가 유물, 유적으로 가득찬 곳이야. 옛날 1000년 동안 신라 왕조의 수도였거든. 여기저기 견학을 다니기 때문에 일정이 꽤나 바쁘긴 했지만 저녁에는 자유시간이거든. 함께 모여서 장기자랑도 하고 밤늦게 까지 댄스파티를 열어서 친구들과 정말 신나게 놀았어. 돌아오는 차 안에서는 전부 곯아떨어졌지 뭐니. 갈 때와는 다르게 아주 조용했어. 지금도 책상에 앉으면 수학여행 갔던 일이 생각나. 한동안은 그 생각이 머리 속을 떠나지 않을 것 같아. 중학교 마지막 여행이라 아쉽고 기억에 남는 건가 봐. 여기 경주에서 친구들과 찍은 사진을 하나 보내 줄게. 불국사에서 찍은 건데 한국에서 가장 유명한 절 중 하나야. 참, 너희도 수학여행 가니? 가면 어디로 가니? 다음 편지에 써 줄래. 그럼 이만 안녕.

희조가,

5. 방과 후 활동과 방학

1. 방과 후 시간

2. 과외 활동

3. 방학

펜팔 예문

5. 방과 후 활동과 방학

학교가 끝나고 집에 돌아가면 각자 서로 다른 생활을 하게 됩니다. 해야 하는 일이나 노는 방법들이 다르기 때문이죠. 요즘 우리 나라 어린이들은 방과 후에 과외 활동을 하느라 친구들과 별로 어울려 놀 시간이 없다고 하던데 다른 나라의 친구들은 과연 수업이 끝나면 뭘 하면서 시간을 보낼까요? 지구 반대편에 살고 있는 내 또래의 아이들은 무슨 생각을 하며 어떤 생활을 하고 있을지 궁금하죠? 이제 궁금해 하지만 말고 직접 물어보세요.

① 방과 후 시간

● **When I get home from school, _____.**
　(학교에서 집에 돌아오면, _____)

학교 수업이 끝나는 순간부터 잠이 드는 시간까지 여러분은 무엇을 하며 지내세요? 자신의 생활이 별로 계획성도 없고 그럭저럭 시간만 보내고 있다는 반성이 생기지는 않나요? 그냥 숙제하고 시간 나면 친구랑 놀고 TV 앞에 몇 시간이고 앉아 있는 생활을 하고 있다면 외국 친구에게 이야기해 주기 조금은 창피할 거예요. 지금부터라도 계획성 있게 시간을 활용하는 습관을 들여 보세요.

수업이 끝나면 교실을 청소하고 집에 가.
After school, we clean our classroom and then go home.

학교에서 집에 돌아오면, 책을 보거나, 비디오게임을 하거나 TV를 봐.
When I get home from school, I read, play video games or watch TV.

친구들과 운동장에서 축구를 하고 놀기도 해.
Sometimes I play soccer with my friends on the playground.

방과후에는 PC방에 가서 오락을 하거나 인터넷을 해.
I go to PC room to play games or to surf on the net after school.

게임을 너무 많이 한다고 엄마가 걱정하셔.
My mom worries I spend too much time just playing computer game.

인터넷에서 마음에 드는 가수의 사진을 다운받기도 해.
Sometimes I get some pictures of my favorite singers downloaded from internet.

엄마가 직장을 다니시기 때문에 방과후에 집에 오면 난 혼자 있어야 돼.
My mom goes for work. So I have to stay home alone after school.

네가 좋아하는 TV 프로는 뭐니?
What TV programs do you enjoy watching?

저녁 먹기 전에 숙제를 끝내야만 해.
I have to finish my homework before dinner.

저녁은 7시쯤 먹어.
I have supper around 7 o'clock.

저녁은 온가족이 함께 모여서 먹어.
All of my family get together to have dinner.

난 엄마가 요리하고 저녁 차리는 걸 도와드려.
I help my mom cooking and setting the table.

저녁을 먹고 나면 집 앞 공원에서 자전거를 타.
After supper, I ride a bike at the park near my home.

잠들기 전에 약 1시간 정도는 책을 읽어.
I read book for about one hour before going to bed.

가끔은 밤늦게까지 컴퓨터 오락을 하기도 해.
I often stay up late playing computer games.

 나는 잠들기 전에 매일 일기를 쓰는데, 넌 어떠니?
I write a diary every day before I go to bed. How about you?

 엄마, 아빠에게 그날 학교에서 있었던 일들을 말씀드려.
I talk about what happened at school.

 알고 있나요

학생들의 점심식사

미국 학생들의 점심식사는 학교에서 제공하는 급식으로 해결하기도 합니다. 학생들이 주로 이용하는 식당을 카페테리아(cafeteria)라고 합니다. 카페테리아는 셀프 서비스(self-service)입니다.

급식 제도는 주마다 다르고, 같은 주에서도 공립학교와 사립학교에 따라 차이가 있습니다. 식사비는 보통 1달러~1달러 50센트 정도입니다.

메뉴는 한 달치를 미리 알려주는데, 기본적으로는 야채, 우유, 과일이 포함되어 있고, 스파게티, 피자, 햄버거 등이 나오기도 합니다.

이 급식은 학교에서 무료로 주는 것이 아니므로 급식을 원하지 않으면 각자 도시락을 싸오기도 합니다.

도시락은 대부분 갈색 종이 봉투에 싸오기 때문에 도시락을 싸오는 학생을 일명 brown bagger라고 부르기도 합니다.

② 과외 활동

🔵 **I have little time to play even after school.**
(학교 수업이 끝나도 놀 시간이 별로 없어.)

> 요즘은 수업이 끝나고 학원 1~2개쯤 안 다니는 학생들이 없다고 하더군요. 우리 나라의 교육열이 높아서라는데, 그럼 다른 나라 친구들은 과외 같은 것을 하지 않고 집에 와서 실컷 놀기만 할까요?

여러 가지를 배우느라 난 항상 바빠.
I'm always busy taking many lessons.

난 태권도를 배워.
I have Taekwondo lesson.

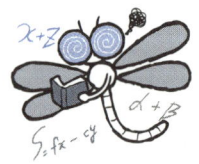

일주일에 3번은 학원에서 영어 과외 수업을 받아.
I take English lessons at a private institute 3 times a week.

난 일요일 빼고 매일 학원에 가.
I go to private school everyday except for Sunday.

방과후에는 매일 2시간씩 피아노 연습을 해.
After school, I practice the piano for 2 hours everyday.

집에 돌아오면 거의 9시야.
It's already 9 o'clock when I get home.

엄마는 내가 많은 걸 잘하길 바라셔.
Mom wants me to be good at many things.

너도 나처럼 바쁘니?
Are you also busy like me?

넌 학교에서 돌아오면 뭘 하니?
What do you do when you get home from school?

③ 방학

● Do you have any plan for this vacation?
(이번 방학에는 뭘 할 계획이니?)

> 방학 없는 학교생활을 상상해 본 적 있나요? 생각만으로도 끔찍하다구요? 아마 이 세상 모든 학생들이 가장 손꼽아 기다리는 날이 방학이겠죠. 방학은 아무리 날짜가 길어도 끝날 때면 아쉽기 마련이죠. 그래도 방학이 끝나면 선생님과 친구들을 만나고 또 함께 공부할 수 있어서 좋은 점도 있잖아요. 외국 친구들은 방학 때 어떤 생활을 할까요?

 우리는 일년에 방학이 세 번이야.
We have vacations 3 times a year.

 여름, 겨울 방학은 길지만 봄 방학은 굉장히 짧아.
Summer and winter vacations last for quite long time but spring vacation is just a short break.

 여름 방학은 약 한 달 정도야.
Summer vacation is about 1 month long.

난 겨울 방학이 여름 방학보다 좋아.
I prefer winter vacation to summer one.

겨울 방학은 거의 2개월이야.
Winter vacation is almost 2 months long.

2월에는 10일 정도 봄방학이 있어.
We have ten-day school break in February.

이번 방학에는 시골에 계신 할머니 댁에 있을 거야.
For this vacation, I'm going to stay at grandma's house in the country.

너희 방학은 언제야?
When does your vacation begin?

방학 동안 해야 할 과제가 몇 가지 있어.
We have some assignments for vacation.

개학 며칠 전에는 밀린 숙제들을 하느라 밤을 새야 할 지경이야.
I stay up late until midnight doing delayed assignments a few days before school beginning.

Dear Tina.

How have you been? I am sorry I couldn't write a letter for a long time. Since new semester began, I have been so busy.

I have to take the piano lesson after school. I started it from the last summer vacation. I take lesson for one hour and I feel little tired when I get home. After supper, I just do my homework, and watch TV. And then it's already time to go to bed.

But I love to play the piano. Even I have less time to play. These days I'm thinking about what it is like to be a pianist in the future. It must be wonderful to be a famous pianist and play the piano before many people all over the world. I'll practice a lot so that I can play a song for you, when I meet you sometime. What do you do after school? I'll wait for your reply. Bye.

truly
Hye-min.

티나에게,

그동안 어떻게 지냈니? 한동안 편지 못 써서 미안해. 새학기가 시작되면서 많이 바빴단다.

방과후에 피아노 레슨을 받거든. 지난 여름 방학부터 시작한 거야. 한 시간 동안 받는데 집에 오면 좀 피곤해. 저녁 먹고 나서는 숙제하고 TV 좀 보다 보면 금세 잘 시간이 돼.

그래도 피아노 치는 건 정말 좋아. 물론 놀 시간이 줄어들긴 했지만 말야. 요즘에는 피아니스트가 되는 건 어떨까 생각중이야. 유명한 피아니스트가 되어서 세계 각국에서 여러 사람 앞에서 연주를 하는 건 정말 멋있을 것 같아. 너를 만나게 되면 연주해 줄 수 있도록 열심히 할게. 넌 학교가 끝나면 뭐하니? 답장 기다릴게. 잘 있어.

혜민이가,

Hi, Deborah.

Thanks for the letter. I could picture what you do after school while I was reading your letter.

I go home right after class.

I used to hang out with my friends and go to PC room and play on-line game. But things are changed. I've got a new friend waiting for me to come back.

My mon bought me a puppy. She's a 3-month old Shih Tzu. I named her "Poppi". She's so small and cute and she doesn't make any trouble.

Do you like puppies? I'm going to take a picture of Poppi and send you next time. See ya!

lovely

Ji-eun.

안녕, 데보라.

저번 보내준 답장은 잘 받았어. 네 편지를 읽다 보니 네가 생활하는 모습을 그려볼 수 있었어.

난 학교가 끝나면 곧장 집으로 가.

예전에는 친구들과 어울려서 PC방에 가서 게임을 하다가 들어갔었는데, 요즘은 달라졌어. 내가 돌아오길 기다리는 새 친구가 생겼거든.

지난 주 엄마가 강아지 한 마리를 선물로 사다주셨어. 3개월 된 시쮸 암컷이야. 뽀삐라고 이름 지었어. 조그만 게 정말 귀엽고 착하단다.

혹시 너도 강아지 좋아하니? 다음엔 뽀삐 사진을 찍어서 보낼게.

안녕.

지은이가.

방학 (1)

Dear Ann,

I have news that will surprise you. My family is going to visit the U.S. this summer vacation. My uncle lives in the states and the great thing is that my uncle's house is very close to yours. I'll stay there for about 2 weeks. Isn't it exciting? Finally we have a chance to meet!!!

It's my first time to go abroad, so I'm very nervous and excited. Most of all, only to think of meeting you makes me sleepless. I'm going to practice speaking English hard from today for our first meeting.

There are many places I want to visit. I want to see movie stars in Hollywood, play all day long at Disneyland, and tour the Grand Canyon. It will make me quite busy. Anyway, I really want to meet you soon. Dreaming the moment we are face to face....

Sincerely,
Su-young.

앤에게,

널 깜짝 놀라게 해줄 소식이 있어.

우리 가족이 이번 여름 휴가에 미국으로 여행할 계획이야.

실은, 삼촌이 미국에 사시는데 정말 다행인 건 삼촌네 집이 너희 집이랑 가깝다는 거야. 2주 정도 머무르게 될 것 같아. 신나지 않니? 드디어 우리가 만날 수 있는 기회가 생긴 거라구!!!

외국에 가 보는 건 이번이 처음이라 불안하기도 하고, 정말 흥분돼. 특히 너랑 만날 생각을 하니까 잠이 안 와. 오늘부터 열심히 영어 연습하려고 해. 우리가 처음 만나게 되는 그 때를 위해서 말야.

미국에 가면 가 보고 싶은 곳이 너무 많아. 헐리우드에서 영화배우도 보고 싶고, 디즈니랜드에 가서 하루 종일 놀고도 싶어. 참 그랜드 캐니언에도 가 봐야 하고 말야. 정말 바쁘겠다, 그지? 어쨌든 빨리 널 만나고 싶어. 그 날을 고대하며….

수영.

방학 (2)

Dear Tom,

I heard you would come to Korea on your vacation. I told the news to my family and all of my family welcome you to stay at our place. I'll ask my mom to cook many delicious Korean food for you. I already have great plans in mind for you to enjoy. And I'll introduce some of my best friends to you. (Whenever I told them about you, they really wanted to meet you.) Maybe they'll become your good friends, too.

Let me see... 2 weeks are left before our D-Day. Take care by then. Bye.

Sincerely
Tae-jun.

톰에게,

이번 방학에 한국에 올 거라고 했지. 그 소식을 우리 가족들에게 알렸더니 모두들 네가 우리 집에 머무는 걸 대환영한다는 거야. 우리 엄마한테 부탁해서 맛있는 한국 음식 많이 해달라고 할게. 난 벌써 너를 위한 멋진 계획들을 생각해 놓았어. 내 친구들도 소개시켜 줄게. (네 얘기 할 때마다 널 보고 싶어했거든.) 아마 너와도 좋은 친구가 될 수 있을 거야.

어디 보자…, 그 날까지 2주 남았구나. 그때까지 잘 지내. 안녕.

태준이가,

6. 취미 생활

1. 음악, 악기 연주

2. 스포츠

3. 등산, 낚시, 여행, 캠핑

4. 연극, 영화, 음악회

5. 놀이, 게임

6. 여러 가지 취미

펜팔 예문

6. 취미 생활

　서로를 알아가는 데 있어서 가장 중요한 일 가운데 하나는 상대방이 좋아하는 것은 무엇인지, 또 어떤 것에 관심이 있는지를 아는 것입니다. 그러면서 자신과의 공통점이나 차이점도 발견하게 되고 좀더 친근한 상대로서 다가갈 수도 있구요. 사람마다 좋아하는 것과 취미가 다른 만큼 필요한 단어도 많고 사용할 수 있는 표현도 무척 다양하답니다. 얼핏 많은 단어를 알아야 할 것 같아 걱정이 되겠지만, 우리가 알고 있는 쉬운 단어와 표현을 이용해서도 충분히 이야기할 수 있는 주제이니까 겁먹지 말고 차근차근 써 보세요. 취미는 종류별로 나눠서 알아보도록 하죠.

● **My hobbies are :**

 그럼, 내가 좋아하는 일에 대해서 말해 줄게.
Well, let me tell you what I like to do.

 여가시간에는 책 읽는 걸 좋아해.
I enjoy reading in my spare time.

① 음악, 악기 연주

● Can you play any musical instrument?
(연주할 수 있는 악기가 있니?)

요즘은 인터넷을 통해서 음악 듣는 일이 쉬워지면서 앨범을 사지 않고도 많은 음악을 들을 수 있게 되었죠. 외국 가수들이 낸 음반을 접할 수 있는 기회도 그만큼 많아진 셈이니 외국 친구를 사귀게 되면 그 친구가 좋아하는 가수의 음악을 함께 들어 보고 이야기를 나눌 수 있겠죠. 또 내가 좋아하는 음악을 소개해 주고 음악 파일로 친구에게 보내 줄 수도 있을 거예요. 이것도 다 이메일이라는 좋은 매체 덕분에 가능해진 친구 사귀는 법이라 할 수 있죠.

넌 고전음악을 좋아하니?
Do you like classic music?

난 클래식음악 빼고는 음악은 다 좋아해.
I love all types of music except for classical.

난 3년째 바이올린을 배우고 있어.
I have been taking violin lesson for 3 years.

한국 음악을 들어본 적 있니?
Have you ever listened to any Korean music?

만일 듣고 싶다면 다음에 음악 파일을 보내 줄게.
If you want to, I'll send a music file next time.

 좋아하는 가수는 누구니?
Who is your favorite singer?

 나는 음악은 모두 다 즐겨 듣지만, 특히 랩음악을 좋아해.
I listen to all kinds of music, mostly rap.

 난 얼마 전부터 기타를 배우기 시작했어.
I just started taking guitar lessons.

② 스포츠

● **I am crazy about soccer.**
 (나는 축구광이야.)

스포츠는 왠지 남자들에게만 관심있는 주제일 것 같지만 요즘은 축구를 좋아하는 여학생들도 많고 때론 운동장에서 축구공을 몰며 뛰어다니는 여학생들도 볼 수 있죠. "Sound mind, sound body." (건강한 육체에 건강한 정신이 깃든다)라는 말에서도 알 수 있듯이 스포츠는 건강한 삶을 유지하는 데 필수적인 요소라고 할 수 있습니다. 단순히 보고 즐기는 스포츠뿐만 아니라 직접 몸으로 즐길 수 있는 스포츠를 한두 가지쯤 가지고 있으면 삶의 활력을 줄 뿐 아니라 마음에 맞는 친구를 찾을 가능성도 훨씬 높아질 수 있답니다.

난 스포츠는 다 좋아해.
I do like all sports!

축구는 한국에서 가장 인기있는 경기야.
Soccer is the most popular sport in Korea.

2002년 월드컵 경기가 한국에서 열리는 것 알고 있니?
Do you know that 2002 World Cup will be held in Korea?

나는 야구 경기를 TV로 보는 걸 좋아해.
I like watching baseball game on TV.

난 텍사스 레인저스 팀의 박찬호를 좋아해.
I like Park Chan-ho at Texas Rangers team.

미국의 메이저 리그에 관해 알려 줄래?
Please write me about Major League Baseball in America?

너는 어느 팀을 응원하니?
Which team are you for?

한국에서는 농구가 인기있는 스포츠 중 하나야.
Basketball is one of popular sports in Korea.

나는 탁구 치는 걸 좋아해.
I like to play ping-pong.

겨울에는 눈이 많이 와서 사람들이 겨울 스포츠를 즐길 수 있어.
We have much snow in winter, so people enjoy winter sports.

난 스케이트를 잘 타지는 못하지만 좋아해.
I like to skate, even I'm not good at it.

겨울에는 스키를 타러 가.
I go skiing in winter.

이번 겨울에는 스노우보드를 배우려고 해.
I'm going to learn snowboard this winter.

난 인라인 스케이트를 좋아해.
I like to inline skate.

난 수영을 무척 잘해.
I am a very good swimmer.

해마다 여름이면 해변으로 수영을 하러 가.
Every summer I go to swim at the sea.

넌 수영 종목 중에서 어느 걸 잘하니?
Which style are you good at?

난 자유형과 배영을 잘해.
I'm good at free style and back stroke.

난 롤러블레이드 타는 걸 좋아해.
I love going rollerblading.

나는 운동하는 걸 별로 좋아하지 않아.
I don't like to do exercise much.

태권도를 아니?
Do you know Taekwondo?

태권도는 한국 무술이야.
Taekwondo is Korean martial art.

나는 3년간 태권도를 배웠어.
I have learned Taekwondo for 3 years.

난 지금 빨간 띠인데 곧 검은 띠를 따게 될 거야.
I am in a red belt in Taekwondo, but I'll get a black belt soon.

태권도는 띠의 색깔로 등급을 표시해.
Belt color represents grades in Taekwondo.

검은 색 띠가 가장 높은 등급을 나타내.
Black belt is of the highest rank.

 알고 있나요

추수감사절(Thanksgiving Day)

　우리 나라의 명절은 설과 추석이며, 이 때가 되면 민족의 대이동이라고 할 만큼 고향을 찾아 떠납니다.
　미국 사람들이 보기에 이러한 현상이 이상해 보이겠지만 미국에도 우리 나라의 추석과 비슷한 추수감사절이 있습니다.
　미국이라는 신대륙을 처음으로 발견하고 정착한 조상들이 그들의 첫수확을 신에게 감사드린 것이 기원이라고 합니다.
　추수감사절은 해마다 11월 넷째 목요일로 정해 놓고 그날을 기념합니다. 미국 사람들도 이날은 흩어졌던 가족들이 모두 모여 칠면조 구이나 호박 파이 등을 만들어 먹으면서 오붓한 시간을 보냅니다.
　또한 여러 가지 놀이 등을 하면서 축제 분위기 속에서 즐겁게 보냅니다.

③ 등산, 낚시, 여행, 캠핑

● **Do you like climbing mountain?**
(등산 좋아하니?)

> 요즘은 인터넷의 발달로 가 보지 않은 곳에 대한 정보도 자세히 알 수 있는 좋은 세상이랍니다. 외국 친구가 살고 있는 곳을 인터넷을 통해서 방문해 볼 수 있고, 또 멋진 사진도 구해서 감상할 수 있으니 서로 주고받을 말이 많이 있겠죠. 가 볼 만한 곳을 추천해 주거나 정보를 알려주는 것도 외국 친구를 사귀는 보람이 될 수 있을 겁니다.

나는 캠핑 가는 걸 매우 좋아해.
I'm very fond of going camping.

난 아빠랑 주말이면 낚시를 하러 가.
I go fishing with my dad on weekends.

겨울에는 얼음 낚시를 즐기곤 해.
I enjoy fishing on ice in winter.

나는 여행가는 걸 아주 좋아해.
I like traveling very much.

기차 타고 가는 여행은 정말 멋져.
It's so cool to travel by train.

여름에는 하늘의 별을 보며 밖에서 잠을 자는 것도 정말 멋진 일이야.
I think it's really cool to sleep outdoors looking up the stars in the summer sky.

한국에는 아름다운 곳이 아주 많아.
There are many beautiful places in Korea.

우리 할머니 댁이 제주도야. 여름이면 그곳에 가지.
My grandma lives in Jeju Island. I go there every summer.

여기 제주도를 소개하는 사이트 주소를 적어 줄게 한번 들러봐.
Here is the URL introducing Jeju Island. Just drop by once.

이번 여름에는 경주에 갈 생각이야.
I'm planning to go to Gyeongju this summer.

가족들과 함께 미국의 동부 지역을 구경했어.
I went to travel to the eastern part of US with my family.

언제 한번 한국에 오지 않을래?
Do you have any plan to come to Korea some day?

네가 한국에 오면 안내는 내가 할게.
If you come to Korea, I'll guide you.

다음에는 유럽에 있는 도시들을 보고 싶어.
I want to visit Europe cities if I had a chance.

④ 연극, 영화, 음악회

● **I love SF movies.**
(나는 SF 영화를 좋아해.)

> 영화와 연극은 싫어하는 사람이 거의 없을 정도로 모든 사람들이 즐겨하는 취미생활 중 하나입니다. 취향이 제각각 다르고 좋아하는 장르도 다른 만큼 서로의 관심분야를 이야기하다 보면 흥미로운 점을 찾을 수 있는 좋은 이야깃거리가 될 것입니다.

 난 액션 무비가 좋아.
I like action movies.

 최근에 가장 재미있게 본 영화는 슈렉이야.
"Shreck" was the most interesting movie I have seen lately.

 너는 어떤 종류의 영화를 좋아하니?
What kind of movie do you like?

 나는 공포 영화는 정말 싫어해.
I can't stand horror movies.

영화관에는 얼마나 자주 가니?
How often do you go for movie?

나는 한 달에 한 번 정도는 영화를 보러 가.
I go to see a movie once a month.

연극 좋아하니?
Do you like drama?

연극 보러 갈 기회가 그다지 많지는 않아.
I have rare chances to go to see a play.

난 음악 콘서트에 가는 걸 좋아해.
I love to go to music concerts.

장한나는 세계적으로 유명한 첼리스트야.
Jang Han-na is a worldwide famous cellist.

⑤ 놀이, 게임

● **I like playing video games.**
(나는 비디오 게임 하는 걸 좋아해.)

요즘 학생들 사이에 가장 인기 있는 것 중 하나는 컴퓨터 오락이라고 할 수 있습니다. 그건 우리 나라뿐만 아니라 외국에서도 마찬가지이므로 컴퓨터 게임을 잘 모르면 친구들과 이야기하는 데 소외감을 느끼게 될지 모릅니다. 특히 요즘은 멀리 떨어져 있는 친구와도 인터넷으로 게임을 함께 즐길 수 있는 방법도 있으니 친구가 한층 더 가깝게 느껴질 수 있겠죠?

 난 겜보이나 컴퓨터로 게임하는 걸 좋아해.
I like playing video games on my Gameboy and on the computer.

 내가 가장 좋아하는 컴퓨터 게임은 리니지와 스타크래프트야.
My favorite computer games are Lineage and Star Craft.

 난 내 홈페이지를 가지고 있어.
I have my own website.

장기를 아니? 장기는 한국식 체스야.
Do you know "Chang-Gi"? It's a Korean chess.

한국에는 바둑을 좋아하는 사람들이 많아.
Many people like playing "Baduk" in Korea.

바둑은 체스와는 좀 달라.
Baduk is different from chess.

넌 친구들과 무얼하며 노니?
What do you do for fun with your friends?

⑥ 여러 가지 취미

● **I'm fond of folding papers.**
(나는 종이 접기를 좋아해.)

> 위에서 이야기한 주제를 제외하고도 사람들의 취미는 정말 다양하답니다. 그런 취미를 모두 다 여기서 말할 수는 없지만 그래도 일반적으로 많은 사람들이 좋아하는 일들에 대해서 적어 놓았으니 자신이 좋아하는 일을 이야기하고 싶을 때 많은 참고가 되기를 바랍니다.

 난 꽃을 기르는 일을 아주 좋아해.
I really love to grow flowers.

 난 수채화 그리는 걸 좋아해.
I like to draw watercolor painting.

 날씨 좋은 날 자전거 타는 걸 아주 좋아해.
I like riding a bike on a fine day.

 난 친구들과 어울려서 쇼핑가는 걸 좋아해.
I like to hang out with my friends and go to the mall.

내 취미는 플라스틱 모형 장난감을 만드는 거야.
My hobby is to assemble plastic models.

 난 전화로 친구들과 수다 떠는 걸 좋아해.
I love talking on the phone with my friends.

 난 재미있는 게 좋아.
I like just having fun!

 난 모형비행기 날리는 걸 좋아해.
I like to fly model airplanes.

 내가 좋아하는 건 책읽기, 노래하기, 그림 그리기, 그리고 TV 보기야.
What I like to do are reading, singing, drawing and watching TV.

난 인터넷 서핑하는 걸 좋아해.
I like to surf on the internet.

 난 책보고 잠자기를 좋아해.
I like reading and sleeping.

 난 시간이 나면 망원경으로 별을 보는 걸 좋아해.
What I like to do in my spare time is taking a telescope and looking at the stars.

 난 유니콘이나 마법사, 요정 같이 환상적인 것에 관심이 많아.
I'm deeply interested in fantasy stuffs such as unicorns, witches and fairies.

 내가 좋아하는 건 보통 애들과 비슷해.
I love to do stuffs that regular kids do.

 난 아무것도 하지 않고 혼자서 생각에 잠겨 있는 걸 좋아해.
I love just doing nothing and being alone with my thoughts.

 난 내가 방문한 곳에서 산 기념품을 모아.
I collect souvenirs I bougth from the places I have visited.

난 책 읽는 걸 좋아해. 책에서 많은 걸 배울 수 있거든.
I like reading books, because I can learn many things from books.

난 해리 포터 시리즈의 열광적인 팬이야.
I am a big fan of the Harry Potter series.

난 해리 포터 책을 모두 좋아해.
I love all of the Harry Potter books.

난 탐정소설이나 추리소설을 좋아해서 읽으면 끝날 때까지 손을 놓지 못해.
I like mystery novels and detective stories. So I can't stop reading until I read it through.

난 공상하는 걸 좋아해.
I love day dreaming.

취미(음악)

Dear Frank.

How are you? I feel so good these days.

Yesterday I bought a new album of god, my favorite group. You said you liked to listen to music, didn't you? I'm glad to know that you and I have the same hobby! I enjoy almost all kinds of music, especially rock music. And I'm crazy about god, so I'm collecting all of their albums. Have you ever listened to Korean popular music? If you didn't have a chance, I would strongly recommend their new album. No need to explain! I'll send you a couple of songs out of their new album as a music file. I hope you like it! Who is your favorite singer? Please tell me. Reply as soon as possible. Bye~

sincerely,
Eun-jin.

프랭크에게,

안녕, 어떻게 지내니? 나는 요즘 아주 잘 지내고 있단다.

어제 내가 좋아하는 그룹 god의 새 앨범을 샀어. 너도 음악을 좋아한다고 하지 않았니? 너랑 내가 같은 취미를 갖고 있다는 걸 알게 되어서 기뻐!

나는 거의 모든 종류의 음악을 다 좋아하는데, 특히 락 음악을 좋아해. 그리고 난 god의 광적인 팬이거든. 앨범을 전부 모으는 중이지. 혹시 한국 가요를 들어본 적 있니? 혹시 기회가 없었다면 이번에 새로 나온 god 앨범을 적극 추천할게. 설명이 필요없다구! 몇 곡을 파일로 보낼게. 네 마음에 들었으면 좋겠다.

너는 좋아하는 가수가 누구니? 얘기 좀 해봐. 빨리 답장 주기를 바래. 안녕~

은진이가.

취미(스포츠)

Dear David.

How have you been? I was pretty busy. But they're over now and I'm free. I like to exercise in my spare time. It makes me feel much better. Do you like sports? I like sports very much. I like soccer the most, both playing and watching. Sometimes I play soccer with my friends after class. I usually do defense and sometimes it is quite rough, but it's much fun and I really enjoy it! Recently, I have interest in watching NBA games, but I don't know many things about it. Would you please give me some information about NBA games?

Well, take care of yourself~ Goodbye!

Yours,
Min-ho.

데이빗에게,

안녕, 데이빗~ 잘 지내고 있니? 난 중간 고사 때문에 엄청나게 바빴단다. 하지만 이제 시험도 끝나고 자유야. 난 시간 있을 때 운동하는 걸 좋아해. 그럼 기분이 무척 좋아지거든. 넌 스포츠를 좋아하니? 나는 굉장히 좋아해! 내가 제일 좋아하는 건 축구야. 축구는 하는 거랑 보는 거 둘 다 좋아해. 가끔 수업이 끝나면 친구들과 축구를 해. 그럴 때면 보통은 수비를 맡지. 때때로 경기가 거칠고 힘들기도 하지만 그래도 아주 재밌어.

최근에는 NBA에도 관심을 가지게 됐어. TV를 보기는 하지만 너무 아는 게 없어. 나한테 NBA에 관해서 좀 알려 줄 수 있니?

그럼, 몸 조심하구. 안녕!

민호가.

취미(컴퓨터 게임)

Dear Ken.

Hi, are you getting along all right? Summer vacation started a couple of weeks ago and I've spent my time listening to music, watching TV, studying(?) and playing computer games.

Do you like computer games? I really enjoy playing computer games! Usually I play role-playing games and tactical simulation games. The most impressive game I've ever played is 'Tae Hang Hae Shi Dae 4'(The age of great voyage 4) made by KOEI. I like it because of its easy interface, beautiful graphics and cool story just like role-playing game.

Oh, one more! Star Craft, Brood War! I'm nearly addicted to it, but it's very difficult to win the game... I heard that Brood War was also a big hit in Japan. If you like Star Craft, I want to have a game with you on Battle Net someday... Is that OK?

Well, I gotta stop now. Take care of your health~ I'll write you again.

from Korea,
your friend Je-min.

켄에게,

안녕, 켄! 잘 지내고 있니?

2주 전에 여름 방학이 시작됐단다. 나는 음악을 듣거나 TV를 보거나 공부를 하거나(?) 컴퓨터 게임을 하면서 시간을 보내고 있어.

너는 컴퓨터 게임을 좋아하니? 난 진짜 좋아하거든. 보통은 롤 플레잉이나 전략 시뮬레이션 게임을 해. 지금까지 내가 해본 게임 중에서 제일 기억에 남는 건 '대항해시대 4'라고 KOEI사에서 만든 게임이야. 이 게임은 인터페이스가 간단하고 그래픽도 예쁘고 또 롤 플레잉에 필적하는 스토리를 가지고 있기 때문에 내가 가장 좋아하는 게임이지.

아, 하나 더 있다. 스타크래프트 부루드 워! 난 스타크래프트에 거의 중독돼 있었어. 하지만 게임에서 이기는 건 쉽지 않더라구…. 일본에서도 부루드 워가 유행한다고 들었는데, 너도 스타크래프트 좋아한다면, 우리 언제 배틀넷에서 한 판 붙어 볼까? 어때?

음, 이제 여기서 마쳐야 될 것 같아. 건강 조심하구~ 다음에 또 편지 쓸게.

한국에서
제민이가.

7. 우리 나라의 명절 및 풍습 소개

1. 한국에 대해서

2. 문화, 풍습에 대해서

펜팔 예문

7. 우리 나라의 명절 및 풍습 소개

외국 친구에게 서로 자기 나라에 대해 소개해 주는 일은 좋은 화제거리가 되죠. 다른 나라의 문화나 풍습, 가치관에 대해 이해할 수 있는 기회를 갖게 되는 것이기도 하구요. 서로 다른 언어와 문화, 음식, 풍습 등에 대해서 한 가지씩 소개해 가다 보면 서로에 대한 이해의 폭도 넓어지지 않을까요? 잊지 마세요. 여러분의 편지 한 줄 한 줄이 훌륭한 외교관의 역할을 하고 있다는 걸 말예요.

① 한국에 대해서

● **Korea is a peninsula like Italy.**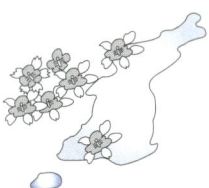
　(한국은 이탈리아 같은 반도 국가야.)

자기가 살고 있는 도시의 특징이나 나라의 특징을 간단하게 알려 주세요. 요즘은 인터넷의 발달로 컴퓨터 앞에 앉아 원하는 나라의 정보를 다 얻을 수 있으니까 우리는 관심을 불러일으킬 수 있을 정도의 소개글을 써 주면 충분하겠죠.

한반도는 많은 산과 계곡이 있는 경치 좋은 곳이야.
The Korean Peninsula has a beautiful scenery of many mountains and valleys.

한국은 4계절이 있고, 기후는 대체로 온화한 편이지.
There are four seasons in Korea, and the climate of Korea is generally mild.

한반도는 1953년 한국전쟁이 끝난 후 남과 북으로 분단되었어.
Since the Korean War ended in 1953, the peninsula has been divided into South and North.

우리 나라 인구는 남한만 해도 4천만이 넘어.
The population only in South Korea is more than 40 million.

한국의 수도는 서울인데, 모든 분야의 중심이지.
Seoul is the capital city of Korea and it is the center of all fields in Korea.

서울과 그 주변에는 궁궐이나 박물관, 절들이 많이 있어.
There are many palaces, museums and temples in and around Seoul.

 알고 있나요

미국의 각 주 이름의 유래

　미국의 각 주 이름은 모두 영어가 아닙니다. 인디언어, 프랑스어, 에스파냐어 등 다양합니다.
　미국의 각 주의 이름은 저마다 특별한 유래가 있습니다. 그 유래를 알면 미국의 문화가 어떤 영향을 받아서 이루어졌는지 알 수 있을 것입니다.
- Arizona(애리조나 주) : 작은 샘(little spring)을 의미.
- California(캘리포니아 주) : 스페인 옛날 이야기 속에 나오는 상상 속의 섬.
- Florida(플로리다 주) : 만발한 꽃(flowery)이란 뜻이다. 에스파냐 꽃 축제 때 상륙했던 에스파냐 탐험가가 붙였음.
- Kansas(캔자스 주) : 남풍의 사람들(people of south wind)이란 뜻.
- Illinois(일리노이 주) : Iillini를 프랑스 말로 나타낸 것. 인디언 말로 남자(man) 또는 전사(warrior)라는 뜻.
- Louisiana(루이지애나 주) : 프랑스 탐험가들이 처음 정착하면서 프랑스 왕 루이 14세의 이름을 따서 붙였음.
- Massachusetts(매사추세츠 주) : Great moutain place(큰 언덕이 있는 땅)라는 인디언 말에서 유래.
- Mississippi(미시시피 주) : 폭포의 아버지(father of the waters)라는 뜻.
- New Hampshire(뉴햄프셔 주) : 영국 지명인 Hampshire를 따서 지음.
- Texas(텍사스 주) : 에스파냐 사람들이 인디언을 가리켜 부르던 말로서 friends(친구) 또는 allies(동맹)이라는 뜻.

② 문화, 풍습에 대해서

● I think there are many differences between our culture and yours.
(우리 문화는 너희 나라 것과는 많은 차이가 있을 거라고 생각해.)

사람들이 모여서 살아가는 곳에는 문화와 풍습이 자리를 잡게 됩니다. 다양한 문화와 풍습을 가지고 살아가는 사람들이 서로를 만나 이해하고 친해진다는 건 그렇게 쉬운 일만은 아니죠. 그러기 위해서는 아는 것이 힘. 아는 만큼 서로를 이해할 수 있는 폭이 넓어지기 마련이니까요.

한국에서는 집에 들어갈 때 신발을 벗어야 해.
You must take off your shoes, when you go inside of the house.

우리 나라 글자는 한글이야.
Korean alphabet is Hangul.

우리 나라의 전통 의상은 한복이야.
Hanbok is Korean traditional costume.

한국에서 숫자 '4'는 불운하다고 여기고 있어. 한자에서 죽음을 의미하는 글자하고 발음이 같기 때문이지.
The numeral '4' is considered unlucky in Korea, because its pronunciation is the same as the Chinese character meaning death.

사람들은 설날, 추석 같은 명절에는 한복을 입어.
People dress up with Hanbok on big holidays like Seolnal and Chuseok.

설날은 음력 1월 1일이야.
Seolnal is lunar New Year's Day.

추석은 음력 8월 15일이야.
Chuseok falls on the lunar August 15.

추석은 미국의 추수감사절에 해당해.
Chuseok is Korean Thanksgiving Day.

한국에서는 주식이 쌀이야.
Korean people live on rice.

한국음식은 대부분 맵고 짜.
Most Korean foods are spicy and salty.

김치는 야채를 절여서 만든 매운 음식이야.
Kimchi is a kind of spicy pickled vegetables.

한국의 유명한 음식 중의 하나가 불고기야. 외국 관광객들 중에도 불고기를 좋아하는 사람이 많아.
One of the famous Korean dish is "Bulgogi". Many foreign tourists also like it very much.

고추장은 한국 사람들이 아주 좋아하고 여러 가지 요리에 양념으로 쓰여.
Korean people love red pepper paste and season many dishes with it.

한국의 명절 (1)

Dear Sam.

Happy new year!!! What did you do to celebrate new year's start? Our New Year's Day is not January 1. It's lunar January 1, so it usually falls on someday in late January or early February. It's the biggest holiday in Korea. On this day, there is nationwide family gethering. In the morning, families are dressed up with Hanbok(Korean traditional clothes) and observe a memorial service to the ancestors. After the ceremony younger generation pay a respect and best wish to elder member of the family in the form of deep bow and they are rewarded with some money. We enjoy some interesting games on this holiday. Girls enjoy playing Nul Twee Gi, Korean seesaw, and boys enjoy flying kites that they make out of sticks and paper.

All family members sit around and play "Yoot" in the evening. It is a kind of board

game playing with four sticks.
   What do you do on New Year's Day?
   Anyway, I wish you a happy new year again and everything you wish to come true.

                              sincerely
                              Dong-woo.

샘에게,

새해 복 많이 받아. 새해의 시작을 축하하는 의미로 뭘 했니? 우리의 설날은 1월 1일이 아니야. 음력 1월 1일이라 대개 1월 말 아니면 2월 초쯤 되지. 한국에서는 가장 큰 명절이야. 설날에는 모든 가족이 함께 모이게 돼. 아침에는 온 가족이 한복(한국 전통 의상)을 차려 입고 차례를 지내. 차례를 지내고 나면 젊은 사람들은 집안의 나이 드신 어른에게 세배를 드리고 세뱃돈을 받게 되지. 설날에는 재미있는 놀이도 많이 해. 여자애들은 한국식 시소라고 할 수 있는 널뛰기를 하고 남자 아이들은 연을 날려. 저녁에는 온 가족이 둘러앉아 윷놀이를 하는데, 4개의 막대기를 가지고 하는 말판 놀이 같은 거야.

너는 설날 뭘 하니?

다시 한 번 새해 복 많이 받고 네가 원하는 모든 일이 이루어지길 바래.

동우가,

7. 우리의 명절 및 풍습 소개

한국의 명절 (2)

Dear Tom.

Hi, how's your family? Are you doing well at school? In the last letter, I told you about our lunar New Year's Day. This time, I will talk more about traditional holidays of our country.

Another big holiday in Korea is Chuseok. Chuseok is on August 15 by the lunar month. Chuseok is very similar to Thanksgiving day in Western culture. We thank our ancestors for the harvest of the year by visiting their tombs. On the night, we can enjoy the most beautiful and brightest full moon of the year. People would make a wish by the moon. I love Chuseok because there are many delicious foods.

What is special for Thanksgiving day? I'm very interested in the culture and customs of other countries. Please tell me what Thanksgiving Day is like. Bye for now. Take care.

Truly
Jae-hyuk.

톰에게,

안녕, 가족들은 안녕하시니? 학교는 잘다니고 있겠지? 지난번 편지에서 설날에 대해서 말해줬잖아. 그래서 이번에는 우리 나라의 명절에 대해서 좀더 말해 주려고 해.

한국에서 또 하나 큰 명절은 추석이야. 추석은 음력으로 8월 15일이지. 추석은 서양의 추수감사절과 많이 비슷해. 우리는 조상의 묘를 찾아가서 한 해의 수확에 대해서 감사를 드려. 그 날 밤에는 일 년 중 가장 아름답고 밝게 빛나는 보름달을 볼 수 있지. 사람들은 보름달에게 소원을 빌곤 해. 난 맛있는 게 많아서 추석이 좋아.

추수 감사절에는 특별한 게 뭐가 있니? 난 다른 나라의 문화와 풍습에 관심이 아주 많거든. 너희 추수 감사절은 어떤지 얘기해 줄래. 그럼 이만 쓸게. 건강하고.

재혁이가.

한국에 대한 개략적인 소개

Hi, Julia!

How have you been? You know what? Reading your letter makes me very happy.

You said you want to know about my country. Now, I'll tell you a little about my country. As you know, my country is divided into two Koreas, North and South. I hope the day of reunification will come soon and I can visit North Korea.

Do you know Hangul(Korean alphabet)? Long time ago, people had to use Chinese character. But in 1446 King Sejong invented Hangul, so that "all" Koreans could read and write. It is very scientific and easy to learn. If you want to learn Hangul, I would be happy to help you.

Well, next time I'll tell you about my city, Jeju. Jeju is the biggest island in Korea and it is a very famous tourist site. I want to know more about your country, too. Bye~~ for now.

With love
Sang-hee.

줄리아!

안녕, 잘 지냈니? 네 편지가 항상 날 기쁘게 한다는 거 알고 있니. *^^*

우리 나라에 대해서 알고 싶다고 했잖아. 그래서 너한테 얘기해 주려고 해. 너도 알겠지만 우리 나라는 남과 북으로 나뉘어져 있어. 빨리 통일이 돼서 북한에 놀러 갈 수 있었으면 좋겠어.

한글에 대해서 들어 본 적 있니? 예전엔 한자를 사용했었는데 세종 임금이 모든 한국인들이 사용할 수 있도록 1446년에 한글을 만드셨대. 한글은 정말 과학적이고 배우기도 쉬운 훌륭한 글자야. 혹시 한글을 배우고 싶다면 내가 가르쳐 줄 수 있어. 다음 편지에는 내가 사는 곳인 제주도에 대해서 알려줄게. 제주도는 우리 나라에서 가장 큰 섬이고 아주 유명한 관광지야. 나도 너희 나라에 대해서 좀더 알고 싶어.

안녕~~

상희가,

한국의 신화

Hi.

Thanks for your letter. I thought you might be interested in Korean folklore, so I'll tell you this story. Long long ago, a king from heaven sent his son Hwan-ung to earth. There, he met a bear and a tiger, and they wanted to become a human being. So he told them if they did not come out of the cave, and ate only garlic and mugwort for one hundred days, then their dream would come true. The tiger gave up in the middle, but the bear went through the hardness and finally became a beautiful woman. Hwan-ung and the bear who turned into a woman, married and had a son, named Dan-gun. He found a country on the peninsula. Its name was "old Chosun" and it was the first country in our long history. The people of Korea celebrate Dan-gun's foundation on October 3rd, calling it "sky-opening day". You also have interesting folklores in your country, don't you? Please let me know any of them. I better go now.

Your friend,
Hyun-jin.

안녕,

편지 잘 받았어. 네가 한국의 옛날 이야기에 관심 있어 할 것 같아서 하나 말해 주려고 해. 옛날에 하늘의 왕이 자신의 아들인 '환웅'을 인간 세상으로 내려보냈대. 그곳에서 환웅은 호랑이와 곰을 만났는데 그들은 인간이 되고 싶어 했다는 거야. 그래서 동굴 안에서 마늘과 쑥만을 먹으며 100일간을 지내면 소원을 이룰 수 있다고 말을 해주었대. 호랑이는 중간에 포기했지만 곰은 그 어려움을 견디고 드디어 사람이 된 거야. 사람이 된 곰과 환웅은 결혼을 하게 되었고 아들을 낳게 되었는데, 이름이 '단군'이었어. 단군은 한반도에 나라를 하나 세웠는데 그 나라 이름은 '고조선'이라고 하고 우리의 긴 역사상 최초의 나라였다고 해. 사람들은 지금도 10월 3일이면 단군이 나라를 세운 것을 개천절로 기념을 하고 있어. 너희 나라에도 재미있는 전설이 있을 거야. 그렇지? 나한테 얘기 해주지 않을래. 그럼 이만 쓸게. 안녕.

너의 친구 현진이가.

한국 음식에 대해

Dear Emily.

It's Jae-yeon. I'm writing this letter to introduce Korean food to you.

Korean people eat steamed rice 'Bab' as main food and have some side dishes and 'Kuk' with it. Kimchi is the most important side dish, because it is an essential part of Korean food. Kimchi is made up of cabbages(Chinese cabbage) seasoned with red pepper powder, salt, garlic, ginger and other ingredients. Recently Japanese 'Kimuchi' has been introduced to other countries, but it is not equal to Korean Kimchi. Please don't forget that Korean Kimch is original.

'Bulgogi' is also very popular side dish. It is seasoned strips of beef(or pork) that is roasted. Many Western people name it as their favorite Korean food. Kuk is a kind of soup. It is mainly seasoned with soybean sauce or soybean paste.

Doesn't it make your mouth watering? You may want to try Korean food. I'd like to treat you to Korean food some day. Hoping the day will come soon. Bye.

Jae-yeon.

에밀리에게,

안녕? 나 재연이야.

이번엔 너한테 한국 음식에 대해 이야기해 주려고 편지를 쓰는 거야.

한국 사람들은 밥을 주식으로 먹고 국이나 반찬을 함께 먹어. 반찬 중에서는 김치가 아주 중요해. 왜냐하면 김치는 한국 음식의 진수라고 할 수 있거든. 김치는 배추를 고춧가루, 소금, 마늘, 생강, 그 밖의 많은 재료들로 양념을 한 음식이야. 최근에는 외국에 일본의 기무치가 많이 소개되고 있다는데, 김치의 원조는 한국이라는 사실을 잊지 말아 줘.

다른 반찬으로는 불고기가 있는데, 불고기는 쇠고기나 돼지고기를 양념한 뒤에 구워 먹는 거야. 서양사람들이 가장 좋아하는 한국 요리로 꼽힌단다. 국은 일종의 스프 같은 것인데, 된장이나 간장을 이용해서 맛을 내는 경우가 많아.

어때? 군침 돌지 않니? 너도 한국 음식을 먹어 보고 싶다는 생각을 했을 거야. 나중에 정말 너에게 한국 음식을 대접하고 싶어. 그날이 빨리 오길 기다리며….

안녕.

재연이가,

한국의 결혼

Dear Sarah,

Hello, what's up? One of my cousins married last week. A thought hit me that wedding ceremony may be different from country to country. So I want to tell you about Korean traditional way of wedding ceremony.

A traditional ceremony is very different from the common one. Bride and groom wear Hanbok, Korean traditional clothes. The wedding ceremony usually takes place in the bride's house. Bride and groom are standing face to face and between them, there is a table on which many foods are set. And they have to take several steps to be a couple. After simple ceremony, a big feast is held. Many people enjoy and celebrate the newly wedded couple and make their best wish for them. I want to have traditional ceremony for my wedding. And I'll invite you, I promise. Bye for now......

Sincerely Yours,
Hye-jeong.

사라에게,

안녕, 잘 지냈니? 지난 주에는 사촌이 결혼을 했어. 문득 결혼 풍습은 나라마다 서로 다를 거란 생각이 들었어. 그래서 한국의 전통 혼례에 대해서 말해 줄까 해.

전통 혼례는 일반적인 결혼식과는 아주 달라. 신랑, 신부는 전통 의상인 한복을 입고 신부의 집에서 결혼식을 하게 돼. 신랑 신부는 음식이 가득 차려진 상을 사이에 두고 마주 서서 몇가지 절차를 거쳐서 부부가 돼.

의식이 끝나고 나면 성대한 잔치를 벌이게 돼. 많은 사람들이 즐겁게 먹고 마시며 새로 결혼한 부부가 행복하게 살기를 축복해 주지.

나도 나중에 결혼하면 전통 혼례를 할 예정인데, 그 때 꼭 널 초대할게.

그럼 오늘은 이만 안녕….

혜정이가.

태권도에 대해서

Hi, dear David.

How are you doing? I'm quite busy these days, because I began to learn Taekwondo after school. Do you know Taekwondo? You may know, but today, let me explain a little about Taekwondo to you.

Taekwondo is a kind of Korean martial art using both hands and feet. Colors of belt you tie around waist show your rank in Taekwondo. At first, you start with a white belt(the lowest level). As you step up one by one, your belt color is changed into yellow, blue, red, black mixed with red in half, and finally black. Black belt is of the highest rank. Taekwondo has a long history in Korea. Recently many foreign people have interest in Taekwnodo and the number of population learning Taekwondo is increasing. A few years ago, Taekwondo became a regular sport at Olympic games. If you are interested, why don't you try learning Taekwondo? I'll practice very hard from now and when we meet, I'll show you some moves.

Bye for now
Sang-ho.

데이비드, 안녕?

요즘 어떻게 지내니?

나는 요즘 조금 바빠. 방과후에 태권도를 배우기 시작했거든. 태권도가 뭔지 혹시 알고 있니? 네가 아는지 모르겠지만 오늘은 태권도에 대해서 이야기해 줄게.

태권도는 손과 발을 이용한 전통 무술의 일종이란다. 태권도는 허리에 매는 띠 색깔로 등급을 나타내는데, 처음에는 흰 띠를 매. 한 단계 올라갈 때마다 띠 색깔이 노랑, 파랑, 빨강, 빨강과 반씩 섞인 검정, 그리고 마지막에는 검은색으로 바뀌게 되지. 검은 색 띠는 가장 높은 단계에서 매는 띠야. 태권도는 아주 오랜 역사를 지닌 스포츠야. 요즘은 외국 사람들도 태권도에 관심을 많이 가지고 배우는 사람들도 많이 늘고 있대. 몇 년 전에는 태권도가 올림픽 정식 종목으로 채택되기도 했어. 혹시 너도 관심이 있으면 태권도를 배워 봐. 나도 열심히 배워서 나중에 만나면 멋있는 모습 보여 줄게. 그럼 안녕.

상호가.

한국의 전통 놀이에 대해서

Hi, how have you been lately? What do you do for fun with your friends? I'm deeply addicted to computer games. My mom worries a lot. But today I'm writing this letter to talk about Korean traditional games. I mentioned them a little when I wrote about Korean New Year's Day, but I think that was not enough.

Do you know "Yoot"? For playing "Yoot" game, we need four sticks that are rounded on one side and flat on the other. We throw them up into the air and when they land down, we can go ahead on a board according to the result. Each team move a marker around a board and the first to finish turning around the board wins the game. Nul Twee Gi is another nice game. This looks much like seesaw game. But it's very different. Two women stand on each end of a board, and one jumps into the air and lands on the board sending the other flying into the air. It is very popular among girls. Boys like to fly kite. You can make a kite with sticks and papers by yourself.

I hope you will enjoy some of our traditional games with your family. You will find that they are really fun to do. Have a good day……

Regards
Jeong-min.

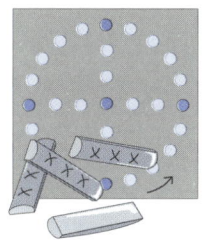

안녕, 잘 지냈니? 넌 친구들하고 뭘 하며 노니? 요즘 난 컴퓨터 게임에 푹 빠져 있거든. 엄마가 걱정을 많이 하셔. 하지만 오늘 편지는 컴퓨터 게임이 아니라 우리나라의 전통 놀이에 대해서 말해 주려고 쓰는 거야. 저번에 설날을 소개할 때 잠깐 얘기하긴 했지만 자세히 설명하진 않은 것 같아서 말야.

너 윷놀이 아니? 윷놀이를 하려면, 절반은 둥글고 절반은 납작하게 생긴 4개의 막대기가 필요해. 막대기를 던져서 나오는 결과에 따라 앞으로 나아갈 수 있단다. 한 바퀴를 가장 먼저 도는 팀이 이기는 놀이지.

널뛰기도 정말 재미있는 놀이란다. 이건 시소와 비슷하게 생기긴 했지만 좀 달라. 두 명이 양쪽 끝에 서게 되고, 한 명이 공중으로 뛰어올랐다가 떨어지면서 반대편에 있는 다른 사람을 공중으로 뛰어 보내는 거지. 널뛰기는 여자아이들이 주로 하고, 남자아이들은 연날리기를 좋아해. 막대기와 종이로 직접 연을 만들 수도 있어.

혹시 기회가 되면 가족들과 함께 이런 놀이들을 해 봐. 그러면 한국의 놀이들이 얼마나 재미있는지 알 수 있을 거야. 즐거운 하루를 보내길 바래….

정민이가.

8. 편지 마무리하기

1. 끝인사하기

   (1) 끝인사

   (2) 맺음말

2. 답장 당부

   펜팔 예문

① 끝인사하기

● **See ya!**
(안녕)

무슨 일이든 시작만큼 중요한 것이 마지막이라고 할 수 있죠. 이제 그만 편지를 마치겠다는 걸 알려 주기 위해서 어떤 말을 써 줄 수 있을까요?
다음에 소개하는 표현들을 이용해서 자연스럽게 편지를 마무리 지어 보세요.

(1) 끝인사

이제 그만 써야겠다. 답장 기다릴게!
Well gotta go! Hope to hear from you soon!

우리가 다시 만날 때까지 안녕.
Bye until we meet again.

이만 안녕.
Bye for now.

 그럼, 안녕.
Well, bye.

 이제 그만 마쳐야 할 것 같아.
I gotta go.

(2) 맺음말

 난 친구를 많이 사귀고 싶어.
I hope to make a lot of friends.

 너도 나랑 펜팔 친구 하고 싶어하길 바래.
Hope you will like to be my pen pal.

 네가 나의 새로운 친구가 될 수 있길 바래.
Hopefully you're my new friend.

 다른 곳에 살고 있는 펜팔 친구를 사귀는 건 정말 재미있을 것 같아.
I think having a pen pal from anywhere would be fun.

난 우리 사이가 오래 지속됐으면 좋겠어.
I would like a long-term friendship.

널 만나 볼 수 있으면 좋겠다.
I'd like to meet you.

부담 갖지 말고 편하게 편지해.
Please feel free to e-mail me.

난 편지 주고받는 걸 정말 좋아해.
I love to send and get mails.

난 펜팔을 통해서 새로운 친구 사귀는 걸 좋아해.
I love making new friends through pen pals.

일주일에 한 번씩 편지 쓰도록 할게.
I will e-mail you once a week.

다른 곳에 살고 있는 펜팔 친구를 사귀는 건 정말 재미있을 것 같아.
I think having a pen pal from anywhere would be fun.

영어로 편지를 주고받자. 하지만 난 쉬운 영어만 쓰게 될 거야.
Let's exchange mails in English. But I'll use only easy English.

난 내가 받은 메일은 전부 답장을 쓰려고 노력할게.
I will try to answer all my mails.

항상 편지 쓰겠다고 약속할게.
I promise that I will write all the time.

난 항상 내 메일을 확인하거든. 그러니까 바로 답장을 할 수 있을 거야.
I always check my mail. I'll be sure to e-mail you back.

난 매일 컴퓨터 앞에 앉아 있으니까 매일 편지 쓸게.
I will e-mail you every day, because I'm sitting by my computer every day.

② 답장 당부

● **Please be my pen pal!! ~**
(나의 펜팔 친구가 되어 주렴.)

> 편지를 쓰는 기쁨 중 하나는 답장에 대한 기대 때문이겠죠. 편지를 보냈는데 친구에게서 아무 소식이 없으면 괜히 기운 빠지고 섭섭하잖아요. 정성 들여 쓴 편지를 친구가 제대로 읽었는지 괜히 걱정도 되구요. 답장 꼭 쓰라는 말 빼먹지 말고 써주세요. 그런 말 안 썼다고 해서 답장 안 보내는 친구는 아마 없겠지만 말예요.

 너한테서 빨리 소식이 있길 기다리며….
Hope I hear from someone soon....

 편지해.
Just e-mail me.

 몇 자 적어 보내줘.
Drop me a line.

 이메일 친구를 원한다면 나한테 편지해.
If you want an e-mail friend, e-mail me.

나랑 펜팔하길 원한다면 편지 써.
Please e-mail if you want to be my pen pal.

여기 나의 이메일 주소를 가르쳐 줄게.
I will give you my e-mail address.

혹시 관심이 있다면 나에게 편지 써 줘.
If you are interested, please write or e-mail me.

내 성격이 마음에 든다면 나에게 편지해 줘.
If you like my personality, then write to me.

난 진짜 괜찮은 펜팔 친구이고, 절대 중간에 편지 쓰다 마는 일도 없을 거야.
I am a really nice pen pal, and I promise NEVER to stop writing you....

나랑 친구하고 싶거나 아니면 나랑 공통점이 있다고 생각한다면 편지 쓰렴.
If you want to be my friend or have anything in common, please write to me.

나한테 편지 쓸 생각이 있다면 망설이지 마.
If you want to write to me, go ahead.

너랑 나랑 비슷한 점이 많으면 편지해 줘!
If you are pretty much the same as me, please e-mail me!

꼭 같은 취미를 가지지 않았다고 해도 그냥 안부 인사라도 나누는 편지를 써도 좋아.
If we don't have the same interests, then write an e-mail just to say hi. It's okay!

네가 나한테 편지를 하게 되면 나에 대해서 훨씬 많은 걸 말해 줄게.
I will tell you a whole lot more about me when you write to me.

네가 원한다면 나에 대해서 더 많은 얘기를 해줄게. 하지만 그전에 네가 먼저 나한테 편지를 써 주면 좋겠다.
I'll tell you the rest of myself if you want to know. But you gotta write to me first.

너에 대해서 좀더 많이 알고 싶어. 너에 대해서 좀 알려 줘.
I would like to get to know you more. Plese write me about you.

시간 날 때마다 편지 써 줘. 나도 항상 답장 쓰도록 할게. 안녕.

Write to me whenever you get a chance. I always try to write back. See you.

나한테 편지하는 사람에게는 전부 답장할게.

I'll reply to anybody who writes to me.

나랑 비슷한 점이 있다고 생각한다면 편지 써. 네가 여자든 남자든 상관없어.

If you share any of these interests with me, please write! I don't care if you're male or female.

나랑 비슷한 취향을 가지고 있다면 더 좋겠지만 네가 나랑 정반대라고 해도 괜찮아.

I would prefer similar interests. If you're the total opposite, though, then I don't mind.

Now I want to know about you. Where do you live and what is your hobby and dream. I'm looking forward to getting a letter from you. I'll have this letter done here. Good-bye with luck.

너에 대해서 알고 싶어. 네가 어디 사는지, 너의 취미나 장래 희망은 뭔지 말야. 네 편지 오길 고대하고 있을게. 이만 마쳐야겠다. 행운을 빌며, 안녕.

Anyway, I'm so glad to meet you. I want us to share many things with each other. And I also want to be your best pen pal.
Expecting a response to this letter.

암튼, 널 알게 되어 정말 기쁘고 함께 많은 걸 나눌 수 있게 되길 바래. 내가 너한테 가장 친한 펜팔이 됐으면 좋겠다.
내 편지에 대한 너의 답장을 기다리며.

Finally, I hope you stay healthy and do well at school. Then I should stop. Good bye.

마지막으로, 건강하고 학교 생활 잘하길 바래. 그럼 이만 쓸게. 안녕.

By the way, I hope you will be happy with my letter. In fact, this is the first time I write to pen pal in English. So I am very excited. I ask you to understand my mistakes in writing English. Even now, I don't know anything about you. But I'm sure we will be a good friend. And I check my e-mail multiple times a day, so you will get a instant response from me. Bye for now.

암튼, 네가 내 편지를 받고 좋아했으면 좋겠다. 사실 영어로 편지를 쓰는 건 이번이 처음이라 굉장히 떨리고 흥분되거든. 그러니까 혹시 내가 실수를 하더라도 이해해 주길 바래. 현재로서는 너에 대해서 아는 게 거의 없지만 우리는 좋은 친구가 될 수 있을 거라고 난 믿어. 그리고 난 하루에도 몇 번씩 이메일을 확인하니까 바로 답장 보내 줄 수 있을 거야. 그럼 이만.

I'll tell you more about Korean culture in my next letter. And please tell me about yours too. Have a nice day. Good-bye.

다음 편지에서 한국 문화에 대해서 더 많이 알려 줄게. 너도 너희 나라 문화에 대해서 말해 줘.
즐거운 하루가 되길 바라고, 안녕.

I was quite exited when I got the first letter from you. My friends envy me so much, because I told them I got a pen pal. I believe our friendship will go on. And I'd like to know more about you! (things like your school life, hobby, family, etc...) I'll wait for your letter! Bye for now.

너에게서 처음 편지를 받고 얼마나 기뻤는지 몰라. 내가 펜팔친구 생겼다고 친구들한테 자랑했더니, 모두들 정말 부러워해. 난 우리 우정이 오래 계속 되길 바래. 그리고 너에 대해서 더 많은 걸 알고 싶어. (너의 학교생활이나 취미, 가족 뭐 그런것들에 대해서 말야.) 네 편지 기다릴게. 안녕.

I'll be busy when school starts again. I guess you'll be busy, too. But I hope to stay in touch with YOU!

       Bye~~~.

학교가 시작되면 바빠질 거야. 너도 마찬가지겠지. 그래도 계속 연락할 수 있었으면 좋겠어.
   안녕~~~~.

Will you tell me about yourself and your family in the next letter? Now I am enclosing a picture of me so that you will know what I look like. I hope I can hear from you soon. Please send me a picture of you when you write me back.

Please give my best regards to your family.

다음 번 편지에는 너랑 너희 가족에 대해서 말해 줄래? 여기 내 사진을 하나 보내 줄게. 내가 어떻게 생겼는지 알 수 있도록 말이야. 다음에는 네 사진도 한 장 보내 주지 않을래.

너희 가족들에게도 안부 전해 줘.

My friends are jealous of me, because I have a nice pen pal. I hope we can keep our good friendship for a long time. I'd like to know more about you... I hope you tell me about yourself and your school as well as your family and friends. Hoping you have a wonderful time. Bye~~~.

내 친구들이 날 정말 부러워해. 멋진 펜팔 친구를 갖게 되었다고 말야. 우리 사이가 오래 계속될 수 있었으면 좋겠다. 너에 대해서 더 많은 걸 알고 싶어. 너에 대한 얘기나 학교 얘기뿐 아니라 가족, 친구들에 대해서도 말야. 즐거운 생활하길 바라며. 안녕.

9. 카드 보내기

1. 크리스마스와 새해 카드
2. 생일 카드
3. 사과 카드
4. 감사, 답례 카드
5. 병 문안 카드

9. 카드 보내기

카드는 편지와는 달라서 길고 거창한 내용을 담아서 보낸다기보다는 상황과 시간에 맞게 보낸다는 게 중요합니다. 많은 여백을 채워야 하기보다는 정성을 담아서 몇 자 적어 보내면 되니까 영어를 쓰는 데 대한 부담도 훨씬 적죠. 더구나 요즘은 인터넷에서 무료로 예쁜 카드를 보낼 수 있는 서비스를 제공하는 사이트도 아주 많아졌죠. 동영상이나 유머 카드, 애니메이션 등 종류도 다양하니까 마음에 드는 카드 한 장을 골라 친구에게 보내 주세요. 다행히도 그런 카드에 적어 보내는 글은 간단하고 어느 정도 틀에 박힌 문구를 사용하는 경우가 많으니까 몇 가지 잘 기억해 두었다가 멋진 카드로 친구를 기쁘게 해 주세요.

① 크리스마스와 새해 카드

● **I wish you a Merry Christmas and a Happy New Year....**
(즐거운 크리스마스와 행복한 새해 맞이하길….)

크리스마스는 기독교 문화를 가지는 사람들에게는 최대의 명절로 여겨지는 날이죠. 주변 사람들에게 카드와 작은 선물을 보내며 서로에게 축복을 나누어 주는 따뜻한 날이랍니다. 그건 우리 나라도 마찬가지니까 설명을 하지 않아도 잘 아시죠? 크리스마스는 1월 1일 새해와 연결되어 약 2주간의 holiday season을 즐기게 됩니다. 그 동안 여러 사람들에게 카드도 보내고 친척들도 만나고 새해 준비도 합니다.

Sending you a smiling tree, with friendship-lights and angel wings, a sparkling star: for hopes and dreams... and wishes for a very Merry Christmas.

 행복한 크리스마스 되세요!!
Merry Christmas!!

 가족 모두에게 행복한 크리스마스가 되길 바래.
Merry Christmas to all of your family.

크리스마스에 네가 소망하는 일이 모두 다 이루어지기를.
May all of your Christmas wishes come true.

크리스마스의 즐거움이 항상 함께 하기를….
May you always find the joy and spirit of Christmas....

행복한 새해가 되길….
☺ Happy New Year!
☺ Have a Happy New Year....

새해에 행운과 기쁨이 너에게 가득하길 바래.
May the New Year bring you good luck and joy.

멋진 새해 되길 바래.
Have a cool New Year.

행복한 새해 되길 바라고 올해의 결심은 뭐니?
Happy New Year! What's your resolution?

행복한 새해를 맞아 건강하고 복되길 바래.
Wishing you health and wealth for a joyous New Year!

멋진 2002년이 되길!!
Have a great 2002!

 올해는 너에게 정말 멋진 한 해가 될 거야.
May this New Year be a great one!

 크리스마스와 새해에 네가 바라는 모든 소원이 이루어지길 바래.
May all your dreams come true at Christmas and all through the New Year.

 네게 항상 기쁨과 축복이 함께 하길….
Wishing you every joy and blessing of the season....

바깥 날씨는 차갑지만 따뜻하고 행복한 연말 연시 보내길 바래.
The weather outside is frightful...
but I hope you have a warm and wonderful holiday season.

Holiday Greetings to a Special Friend!
Happy Christmas!

② 생일 카드

● **Happy birthday to you!!**
(생일 축하해.)

생일을 기억해서 작은 선물이나 카드를 보낸다는 건 그만큼 그 친구에 대한 우정과 사랑이 깊다는 걸 의미하겠죠. 예전에 우편으로 보낼 때에는 좀처럼 날짜를 딱 맞추어서 축하 카드를 보내기가 힘들었지만 요즘은 인터넷을 통해서 카드를 원하는 날짜에 예약 발송하는 것도 가능한 시대잖아요. 펜팔 친구에게서 받은 생일 카드 한 장이 그 날의 기쁨을 2배로 늘려 줄 수 있지 않을까요? 혹시 생일을 깜빡했다면 나중에라도 꼭 미안하다는 말과 함께 카드 한 장 보내 주도록 하세요.

다음 표현들을 사용해서 말예요.

생일 축하해.
Congratulation on your birthday.

오늘은 너의 날… 기쁘고 편안한 하루이길!
It's your day... relax and enjoy!

친구들과 생일을 기쁘게 보내길 바래. 생일 축하하고.
May you share your birthday with all your best friends. Happy Birthday.

너의 14번째 생일을 맞아 내 사랑을 가득 보내 줄게.
I'm sending my love on your 14th birthday.

 생일을 맞아서 기쁘고 신나는 일들이 가득하길 바래.
Hope your day is great and happy, full of wonderful things to do.

 기쁜 생일 맞이하길 바라는 나의 작은 바람을 전하는 거야.
Sending you a little birthday wish.

Have a Happy Birthday!

멋진 케이크가 있고 선물과 사랑이 가득 찬 생일 보내기를 바래.
Wishing you lots of cake, lots of presents and lots of love.

오늘은 빛나는 너의 날이야. 생일 축하해!
It's your day to shine!
Happy Birthday!

멋진 하루이길 바래!
Have a Wonderful Day!

여기 널 위해 준비한 작은 선물을 보내.
Here I'm sending a small gift for you.

내가 보낸 선물이 마음에 들었으면 좋겠다.
I wish you like my present.

생일날은 잘 보냈니?
How was your birthday?

생일 선물로 뭐 받고 싶니?
What do you want for your birthday?

How to have a happy birthday!

생일을 기쁘게 보내는 방법

👁 1단계 : 눈을 꼭 감는다.

👁 2단계 : 소원을 빈다.

👁 3단계 : 촛불을 끈다.

👁 4단계 : 간절하게 소원이 이뤄지기를 바란다.

👁 5단계 : 셋까지 세고 "생일 축하해"라는 말과 함께 촛불이 다 꺼지면 당신의 소원이 이루어질 것입니다.

👁 step one : close your eyes

👁 step two : make a wish

👁 step three : blow out the candles

👁 step four : hope really hard

👁 step five : count to three... happy birthday! if the candles go out, your wish will come true!

 미안해, 그만 깜박했어. 늦었지만 생일 많이 축하해. 생일 잘 보냈지?

Sorry I slipped up.
Belated Wishes for a very Happy Birthday!
I hope it was a happy one!

 미안해. 그만 네 생일 깜박했지 뭐야. 사과하는 의미에서 깜짝 놀랄 만한 선물을 하나 준비했어….

I'm so sorry I missed your Birthday. To make up for it I have an INCREDIBLE gift to give you...

③ 사과 카드

🔵 **I'm so sorry... please forgive my blunder!**
(미안해… 내 실수를 용서해 줘.)

> 본의 아니게 친구의 마음을 상하게 했을 때 어떻게 사과를 해야 할지 참 고민되죠. 시간이 지날수록 말 꺼내기는 점점 더 어려워지고, 사실 미안하다는 말은 얼굴을 마주 보며 하기는 좀 힘들잖아요. 미안한 일이 있을 때 바로 카드에 적어 보내주세요. 작은 카드에 적힌 사과의 글 한 줄로 여러분의 마음을 충분히 전달할 수 있을 거예요.

미안해. 내가 삐딱하게 굴었어. 널 이해할 수 있도록 노력할게.
Sorry I've been so crabby. I want to try and see things your way.

미안해. 네 맘 상하게 하려고 했던 건 아니었어.
I am very sorry. I did not mean to hurt you.

귀찮게 해서 미안해.
Sorry I bugged you.

④ 감사, 답례 카드

친구가 보여 준 작은 성의에 고마움을 느꼈다면 그걸 표현해 주는 게 예의일 겁니다. 그럼 친구에게도 기쁨이 될 테니까요. 그냥 예쁜 카드 한 장에 고맙다는 말을 써서 보내 주세요.

 생일 축하해 줘서 고마워!
Thanks for brightening my day!

 덕분에 기분이 좋아졌어. 고마워.
Thanks for lifting my spirits.

 네가 보내준 카드와 선물 잘 받았어.
I was happy with the card and gift you sending to me.

고맙다는 말하려고 이렇게 카드 보내는 거야.
This e-card is simply a little way of saying...
THANK YOU!

진심으로 고마워.
It's from the heart... Thank You.

내 얼굴에 이 미소가 보이니? 전부 네 덕이야. 고마워.
See this big silly smile on my face?
You put it there! Thank you!

고마워, 정말. 진심으로.
Thank you... from the bottom of my heart!

뭐라고 말해야 할지 모르겠어. 정말 너무 너무 고마워.
It just can't be said enough!
Thank You! Thank You! Thank You!

고맙다는 말을 꼭 하고 싶었어.
I just want to say, thank you very much.

⑤ 병 문안 카드

● **Get well soon!**
(빨리 나아야 해!)

> 친구가 아프다는 걸 알고 그냥 지나칠 수는 없겠죠? 작은 카드 하나에도 친구는 큰 힘을 얻게 될 거예요. 마음을 담아서 꼭 한 장 보내 주도록 하세요.

빨리 회복되길 바라는 마음에서 내 마음을 보내는 거야.
Sending you a big hug to help you feel better.

어쩌니. 빨리 회복되길!
Oh well! Feel Better!

몸이 안 좋다니 정말 유감이야. 빨리 나아지기를 바래.
Sorry you're feeling under the weather. Feel better soon.

사고 소식을 듣고 걱정했어. 빠른 회복을 빌게.
Sorry to hear about your accident. Get well soon.

 네가 빨리 낫길 진심으로 바래.
Sending you a bunch of good wishes, and hoping you feel better soon!

 빠른 쾌유를 빌며….
Wishing you a speedy recovery....

 아프다는 소식 들었어. 빨리 낫기를!
I heard you're sick. Hope you feel better soon!

Every day,
I pray for you.
I make a wish on a star
and I pray for you.
I wonder how you are,
and I pray for you....

매일 널 위해 기도해.
별님께 널 위해 기도하고 있어.
네가 괜찮은지 걱정돼.
널 위해 기도할게….

네가 아프다는 애길 듣고 놀랐어.
I was very surprised at the news you were sick.

빨리 회복되길 진심으로 바래.
I really hope you'll get well soon.

어머님이 아프시다니 정말 안됐다.
I'm sorry to hear that your mom is sick.

어머니는 지금 어떠시니?
How's your mom now?

요즘은 좀 어떠니?
How do you feel these days?

병원에 가 보는 게 좋을 것 같애.
I think you'd better go to see a doctor.

몸조리 잘해.
Take good care of yourself.

중·고등학생을 위한
인터넷 펜팔 영어

2009년 12월 7일 인쇄
2009년 12월 14일 발행

글쓴이 : 권 현 주
펴낸이 : 조 명 숙
펴낸곳 : 도서출판 맑은창

등록일자 : 2000년 1월 17일
등록번호 : 제 16-2083호

서울·금천구 가산동 771 두산 112-502
전화 : (02) 851-9511
팩스 : (02) 852-9511

값 8,000원

※ 잘못된 책은 바꾸어 드립니다.
ISBN 978-89-86607-74-1 43740